「食」の図書館

バーベキューの歴史

BARBECUE: A GLOBAL HISTORY

JONATHAN DEUTSCH, MEGAN J. ELIAS
ジョナサン・ドイッチュ、ミーガン・J・イライアス【著】
伊藤はるみ【訳】

原書房

目次

［……］は翻訳者による注記である。

序章◉肉と煙との出会い

バーベキューとは煙と調味料と肉との、肉汁したたる出会いから生まれるものである。それは、料理のもっともシンプルな形と言ってもいいだろう。調理用具も、設備も、特別な技術もなしで、とりあえずバーベキューはできる。必要なのは火と肉と、そのふたつを隔てる適当な距離だけだ。それ以外のものはユダヤ教における注釈のようなものである［ユダヤ教では聖典以外にも口伝や注釈が大切にされている］（豚肉を使うこともあるバーベキューについてユダヤ教を引き合いに出すのが不適切なのは承知の上だが、本書を読み進んでいけば分かるようにユダヤ人もバーベキューをするのだ）。

ベーベキューの注釈の多くは、バーベキューを愛する私たちからみても困惑するものであり、単なる間違った知識であることも多い。そもそも「バーベキュー」という単語からして、英語における用途の多様さで匹敵するのはｆのつく卑語［fuck の派生語］ぐらいだろうと思うほど、いろいろな意味で使われている。調理や味つけの方法を示す形容詞として使われることもあれば、ある種の料理や、イベントや、調理設備をさす名詞として使われることもあり、さらに動詞としても使われる。この単語のスペルや略語はどうかといえば、barbecue、barbeque、BBQ、bbq、BB-CUE、bar-b-q、bar-b-cue などが見つかる。ただしフランス語由来の barbe à queue は使われない。

　具体的な使用例として、左ページの表を見てほしい。どれも正しい用法であり、広く用いられている。しかし同時に、誤用あるいは不適切な用法もあるのだ。

　ここではっきりさせておかなければならない。本書における「バーベキュー」という言葉の定義は、煙で「スモークし（燻《いぶ》し）ながらゆっくりロースト（あぶり焼き）する」こと、である。この定義にしたがって話を進めるにあたり、それぞれの工程を詳しく検証しておこう。

「バーベキュー」という言葉のさまざまな使用例

品詞	意味	用例
名詞	ゆっくりスモークしながらローストした食べ物（特に肉）	わたし、今日はどうしてもバーベキューが食べたいの。帰りに買ってきてくれない？
名詞	バーベキュー料理がふるまわれるパーティー	今度の土曜日、うちのバーベキューに来ませんか？
名詞	バーベキューを調理するための設備または道具	今バーベキューで焼いているムネ肉はもうすぐ焼きあがります。
動詞	ゆっくりスモークしながらローストする	このバラ肉をチャーシュー風にバーベキューします。
形容詞	バーベキュー調理した～	クロアチアにいたころは、バーベキューのラム肉が好きでした。
形容詞	バーベキューのようなフレーバーの～	バーベキューのポテトチップを１袋ください。

「バーベュー」という言葉の誤用あるいは不適切な用例

品詞	意味	誤用例
動詞	直火でグリルする（バーベキューではない）	誤った使い方：今日の夕食にハンバーグをバーベキューしましょう。 正しい言い方：今日の夕食にハンバーグを焼きましょう。
形容詞	直火で焼いた～	誤った使い方：テーブルで薄切りの肉をさっと焼く韓国風バーベキューの店に行きませんか？ 正しい言い方：テーブルで薄切り肉をさっと焼く韓国風焼き肉の店に行きませんか？

◉バーベキューの定義

まず、「ゆっくり」熱を通すということ。薪《まき》や木炭の火で調理する時には、その火が上または下から食材に直接当たるようにして加熱する方法と、火からある程度の距離をおいて加熱する方法がある。火を直接当てて加熱する調理法は薪や木炭が発する放射熱を利用し、食材に短時間のうちにキツネ色の焼き目をつけ火を通す。アメリカやカナダでは下から加熱する調理法を「グリル」といい、上から加熱する方法を「ブロイル」というが、どちらも「バーベキュー」とは別物である。

バーベキューでは直火ではなく、空気が材料に熱を伝える方法をとる。つまり、食材と火の間に距離を置くということだ。これは揚げ物をするさいに油が食材に熱を伝えるのと同じことである。バーベキュー調理の主要プロセスは炎からの放射熱ではなく、周囲の空気が炎に熱せられ、その熱が材料に伝わることなのだ。オーブンで食材をローストする様子を思い浮かべればわかるように、食材に火が通るまでに時間がかかる。結果的に「ゆっくり」になるのだ。材料を熱源から離れた位置に置くこともある。家庭用のバーベキューグリルのなかには、一方に薪を、反対側に材料を置くようになっているものもある。熱源と材料を入れる場所が別になっていて、パイプを介して熱と煙が材料に送られるバーベキューグリルもある。

次は「スモークする（煙で燻す）」こと。煙はバーベキューにおける絶対に不可欠なフレーバーである。正しいバーベキューは煙なしでは成立しない。燃料に薪や木炭を使うならスモーキーなフレーバーは自然に生じる。プロパンや電気を使う場合にはスモーキーな香りを足す必要があり、調理中に湿ったウッドチップやペレットをくすぶらせることが多い。薪以外の燃料を使うのは邪道だと主張する純粋主義者もいる（着火剤やガス、電気を使って薪に点火してはいけないと言うバーベキュー原理主義者さえいる）が、本物の木や木炭から生ずるスモーク（燻製《くんせい》風味をつける液ではなく本物の煙）のフレーバーが付きさえすれば、「スモーキー」の基準はクリアしたとみなしてよいだろう。

定義の第三の部分「ロースト（あぶり焼き）」は、世界最古の調理法のひとつである。要するに材料（多くの場合は肉）を熱した空気で囲むだけのことである。オーブンに入れても、串に刺して火から離しておいても、炉穴《ピット》［熱源を置くために地面に掘った穴］の中に熱い空気を発生させてもいい。現代のロースト料理は若鶏や牛ヒレ肉や子羊のバラ肉のように脂肪が少なく柔らかい肉を175℃から230℃という比較的高い温度で短時間調理することが多い。しかし90℃から135℃（多くの人は110℃から120℃が最適と言う）で加熱するバーベキューなら、豚のカタ肉、バラ肉、ムネ肉、あるいは山羊や羊その他の硬い肉でも、ジューシーさを保ったまま柔らかく調理することができる。

伝統的なロースト料理は塩とコショウなどの香辛料で調味することが多い。昔は脂肪の少ない肉を調理する場合は網脂《あみあぶら》で包んだりベーコンを巻いたり、あるいは肉にあけた穴に脂身を埋めこんだりしたものだったが、その下ごしらえは今では流行《はや》らない。ただ七面鳥などの鳥肉には胸のまわりにベーコンをかぶせることが多い。今日《こんにち》のバーベキューによく使われる豚のカタ、バラその他の部位や牛のバラ肉はもともと脂肪が多いので、脂肪を補う下ごしらえは必要はない。

ともあれ、ここにあげた「ゆっくり」「スモーク」「ロースト」という3つの要素が本書におけるバーベキューの定義である。

第1章◉バーベキューの起源

◉火と肉さえあればいい

バーベキューは非常に古くからある非常に単純な調理法だ（火＋肉＝バーベキュー……これだけ。調味料や道具は任意）。しかし一方では、審査員のいる正式な競技会が開催されるほどの高度な文化としての側面もある。そして、モンゴルには羊肉料理（ホルホグ）があり、フィジーでは豚一頭を丸ごと焼き、中国ではチャーシューを作り、アメリカの北太平洋沿岸では鮭を使う、というように世界各地にさまざまなバリエーションが存在する。

おそらく、広い意味でのバーベキューは人類が火と肉を手に入れてすぐに誕生したのだろう。世界各地に存在する単純だが長い歴史をもち、その土地の文化を代表するような食物――パスタ、チーズ、アイスクリーム、フラットブレッド［穀粉、水、塩でつくるシンプルなパン］、ビール、ワインなどの醱酵飲料――と同じように、どこかの誰かが突然思いついてそこが発祥地となったわけではなく、世界のさまざまな場所で自然に行なわれるようになったのだろう。狩りの獲物をさばいた硬い肉を、焚き火の炎から少し離し煙を当てながらゆっくりあぶり焼きにしたら、直火で焼いたものより柔らかくなった――このような体験をある特定の土地の人間がして、その発見を他の部族との交流を通して伝えていった、などということは考えにくい。

しかし歴史家やバーベキューマニアの中には、この調理法の発祥の地やバーベキューという言葉の起源を知ろうと研究を続けている人もいる。「バーベキュー」の語源に関するいちばん魅力的で（明らかにフランスびいきの）説は、フランス語で「ひげからしっぽまで」を意味するbarbe à queueが語源で、豚などの獲物を丸ごと串に刺して焼いたからだという説である。豚は丸焼きにするのが当然としているアメリカ南北カロライナ州出身のコックたちはこの説を信じている。なぜならこの説は彼らのバーベキューの作り方が、南部の他州で行なわれているような部位ごとに切り分ける方法より正当だと、暗黙のうちに認めているようなものだからだ。しかし多少は普及しているものの、この説を妥当とするには無理がある。ほとんどの研究者は「ひげからしっぽまで」を意味するフランス語barbe à queueを語源とするのは面白いし論理的に見えないこともないと認めつつも、実際にはたまたま音が似ているだけだと結論づけている。

　語源学的に見れば「バーベキュー」という言葉は、南米のアマゾン川流域に住むアラワク族の言葉が植民地化によって変化したクレオール語〔異なる言語を使う人の間で自然に作り上げられた言語〕の「バルボカbarboka」あるいは「バルバコアbarbacoa」だろうということだ。これは木の棒（coa）を焼き網のような形に組み合わせたものを意味し、その上に魚や肉をのせ、遠火の炭火でゆっくり焼く。この道具の名前をスペイン人は「バルバコア」、フランス人は「バブラコbabracot」として採用し、のちに「バーベキューbarbecue/barbeque」となって英語に入ったのである。「バルバコア」という言葉が初めて書物に現れたのはスペインの将軍ゴンサロ・フェルナンデス・デ・オビエードが１５２６年に書いた『カリブ海植民者の眼差し』〔染田秀藤、篠原愛人訳。岩波書店〕で、カリブ海地域の原住民のあいだで行なわれていた焼き串を使う遠火焼きをさしていた。

◉人類最初のバーベキュー

人類学者は、150万年も前に現代の人類の祖先である原人が火で肉をあぶっていた痕跡を発見している。(1) その痕跡が発見された南アフリカで、今は南アフリカ風バーベキュー「ブラーイ」が行なわれている。焼くものは、名物の渦巻きソーセージのブルボスや南アフリカ風ケバブのササーティだ。

近年、原人の居住地跡で発見された獣骨の焼かれた時の温度が、古人類学者によって明らかにされた。山火事の火の温度は原人が料理に使った火の温度よりはるかに低いことがわかっている。このことから居住地跡で発見された骨（とその周囲にあったであろう獣肉）は、山火事や草原の火事に巻き込まれた不運な動物の骨ではなく、調理用の火で意図的に焼かれたものとの結論が得られた。(2) その肉がどんな味だったか、たとえば塩がふってあったのか、あるいはスパイスやマリネ液のようなものが使われていたのかは分からない。しかし鍋の中で煮たものでないことは明白である。当時の状況から想像すれば、彼らは肉片を木の枝で作った杭か串のような物に刺し、焚き火の中またはすぐ近くに置くか、燃えさしの中に埋めるかして放射熱を利用したのだろう。

杭や串が燃えつきて大切なタンパク源である肉片が炎で台無しにならないようにするには、

まだ青々とした切りたての枝を使い、炎からいくらか離れた所に置くのが最善の方法だっただろう。いろいろ試すうちに、肉と炎との距離を少し長めにとり時間をかけて調理したほうが、炎のすぐ上で焦げた肉より柔らかくなることにも気づいただろう。他の肉食動物ほど鋭い歯をもたず、柔らかく改良された現代の食用肉とは異なる狩りの獲物を調理して食べるしかなかった原人にとって、この発見は非常に有益だったはずだ。しかし肉の調理に工夫をこらしたこの原人たちが、私たちホモ・サピエンスの登場に先立ち、焼き網らしき物を用意してバーベキューを楽しんだかどうかは定かではない。

12万5000年前に北ヨーロッパで暮らしていたネアンデルタール人が生理的に必要としていた熱量について研究した考古学者ベント・セアンセンは、その時代に一種のバーベキューが行なわれていたことを示唆する有力な証拠を提示している。彼によれば、ネアンデルタール人は生理活動の維持に必要なだけの大きな肉塊を狩猟の現場から生活の場まで運ぶため、肉を乾燥させてかさを減らす必要があった。そのためのいちばん有効でてっとり早い手段は火を使ってジャーキー（つまりバーベキュー）を作ることであり、そうすれば共に暮らす全員が2か月近く生きのびることができたということだ。現在の考古学的知見によれば、アフリカを離れて暮らしたホモ・サピエンスはネアンデルタール人と交流があったらしいので、バーベキューの技術も彼らから学んだのかもしれない。

有名なラスコーの洞窟に描かれた動物たちは、1万7000年前に焚き火で焼かれたのだろう。

◉串とあぶり焼き――バーベキューの祖先

古い書物の中であぶり焼き（炎と串の距離によってはスモークローストの一種ともいえる）に触れた箇所を読むと、バーベキューの秘訣はかなり昔から知られていたことがわかる。ホメロスの『オデュッセイア』によれば、トロイア戦争後の10年におよぶ波乱万丈の旅のあと変装して故郷にもどったオデュッセウスは、彼の召使いだったエウマイオスからバーベキューをふるまわれた。エウマイオスは主人オデュッセウスとは気づかないまま、ギリシア人が重んじていた慣習にしたがって旅人をもてなしたのだ。慣習によれば「すべての物乞いとよそ者はゼウス神がつかわされた」のだから、よそ者をむげに追い払ってはならないとされていた。エウマイオスはすぐさま豚小屋に行き、幼い子ブタを2匹選ぶ。それから「2匹を殺して皮の毛を焼き、肉をさばいて串に刺し」て焼いたものを、ありあわせの食事として旅人にすすめた。「旅人よ、お食べなさい。召使いの身でご馳走できるのはこんなものしかありませんが」と言いながら。オデュッセウスはその肉に「粗挽きの大麦をふりかけて」食したということだ――現代のバーベキューにおいてマスタード派、酢派、トマトソース派のあいだでくりひろげられるソース論争を巧みに避けた、興味深い記述である。

　古代エジプトの絵画や文書の研究によると、当時の裕福な家庭では専用のラックを使って、ガゼルを切りわけたものやガチョウまるごとをゆっくりスモークしながらあぶり焼きにしていたようだ。その間は召使いが扇を使って熱気と煙を巻き上げていたらしい。とはいえ、料理の場面を描いた古代エジプト絵画では肉はボイル［煮ること］されていることが多く、それが古代世界でもっとも広く普及していた調理法だったようだ。

　紀元前11〜8世紀に存在したイスラエル王国の人々もやはり、肉は穀物の粥《かゆ》に入れてシチューのように煮ることが多かった。これは現代のユダヤ教の安息日に食べる煮込み料理チョレントの前身かもしれない。

　しかしユダヤ教の春の祭りである過越《すぎこ》しの祭では、子羊を焼くのが決まりである[4]。子羊はおそらくその大きさのために、オーブンで焼くより串焼きにすることが多かったようだ。過越しの祭の祝宴であるセデルは、奴隷生活を強いられていたユダヤ人がエジプトを脱出して放浪していた時にやむを得ずしていた屋外の調理を思い出すための、年に一度のバーベキュー・パーティーだったのかもしれない。

　また、イスラエルの伝説の王ソロモンはバーベキューを非常に高く評価していたようだ。彼が書いたとされる旧約聖書の『箴言《しんげん》』に「怠惰な人は捕えた獲物を焼くこともしない。しかし獲物を無駄にせず勤勉に働く人は貴重な宝を得る」（12章27節）とある。ソロモン王の時代のイスラエルにあっては、この助言はことさら有益だったはずだ。しとめた獲物を焼くことは肉を長持ちさせる方法のひとつだった。さらに、その狩人が煙で肉を燻して乾燥させれば、保存食になるという意味で貴重であると同時に、おいしいという意味でも貴重だった。

一方で古代ローマ人は、洗練された文化と広大な版図を誇っていたにもかかわらず、バーベキューに無関心だったようだ。ローマ時代のレシピに見られる肉のローストは、ほとんどが囲いのついたオーブンに入れて焼くものだった。オーブンの使用が好まれた背景には、そもそも当時の料理書は都市に暮らすエリート層向けのものであり、人口の多い都市部では屋外での串焼きは不適切だったことがあるのだろう。あるいは焚き火や屋外に掘った炉穴《ピット》でじっくりあぶり焼きにした肉は、ローマ人の好みに合わなかっただけかもしれないが。

4世紀末あるいは5世紀初頭に書かれた料理書『アピシウス *Apicius*』に載っている「簡単なロースト」の作り方には「肉をオーブンに入れて焼き、塩とコショウを多めにふりかける」とある。さらに、テーブルに出す前にハチミツを塗ってつやを出すという指示があって、偶然にも後世のバーベキューとの類似点が生じている。「詰め物をした豚の胃袋」という凝った料理のレシピは、豚の脳、卵、ナッツとたくさんのスパイスを詰めこんでゆでた豚の胃袋を煙の近く——中ではなく——にしばらく吊るして「燻した色を帯びさせる」手順が含ま

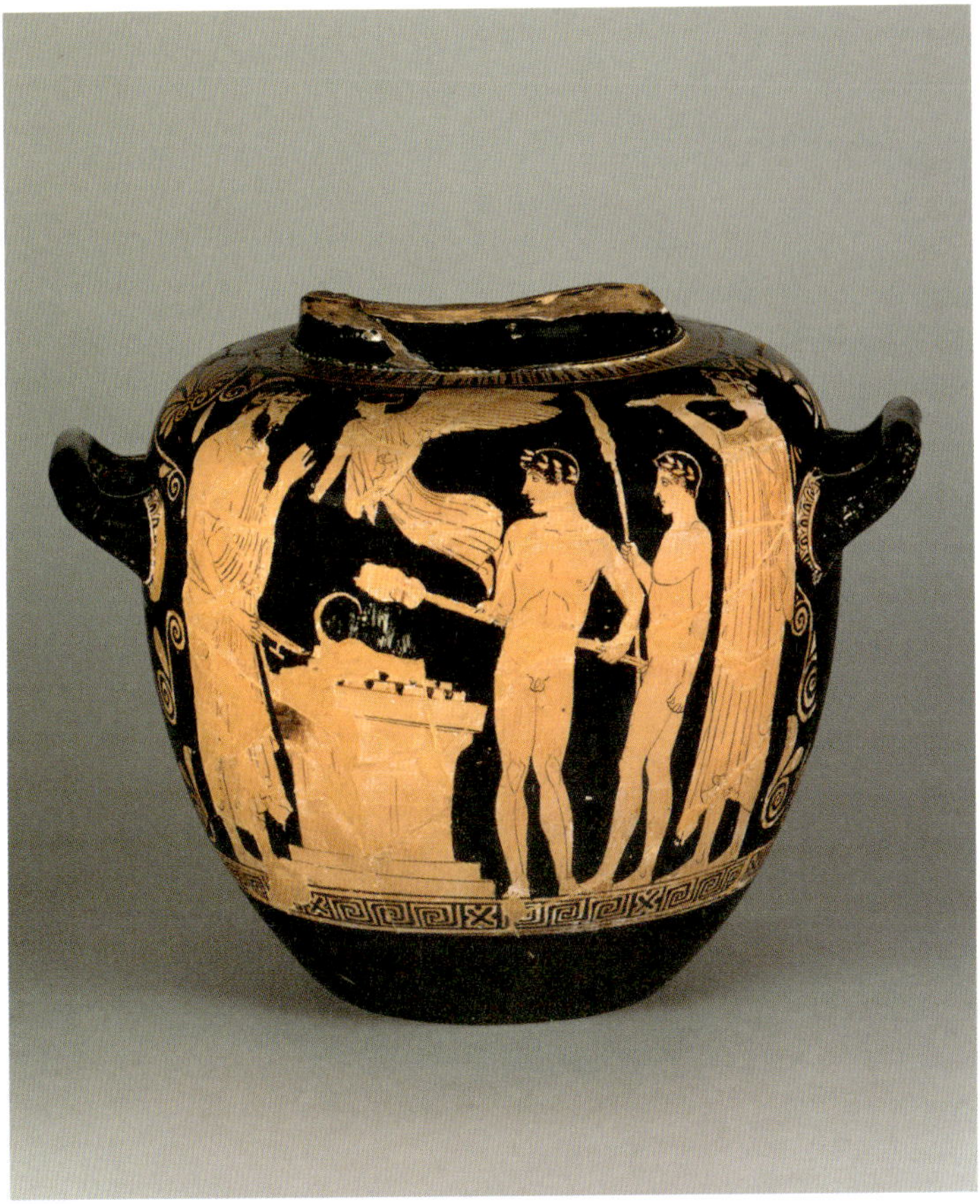

串に刺した生贄の動物を焼く若者たちが描かれているギリシアの壺。紀元前450〜430年。

左手に持ったアヒルを焼くため火をあおぐ料理人。エジプト。紀元前2000年頃。

リチャード・パーセル『料理をする女中』（1746〜66年頃。エッチングおよびメゾチント）

野外で食事の準備をするジプシーの一団を描いたフランチェスコ・デル・ペドロのエッチング。1770〜1800年頃。中央の焚き火に鍋がかけてあり、ひとりの男が鶏に串を刺している。左側、桶をかかえる女の横では別の女がガチョウの羽根をむしっている。

れている。もっとも、食卓に出す前に鍋にもどして温めるとも書かれているので、現代のバーベキューの定義には当てはまらない。とはいえ古代ローマの調理場でフレーバーをつけるためにスモークする方法が、たとえ他の調理法と組み合わせた一部としてでも行なわれていたというのは興味深い。

少し時代をさかのぼり、紀元前1世紀にローマ帝国内をくまなく旅してまわったギリシアの知識人ポセイドーニオスの記録によれば、古代のケルト人は金串の上で大きな肉のかたまりを焼いていたという。この便利な方法が可能になったのは、紀元前6世紀にヨーロッパが鉄器時代に入ったからだ。もちろん鉄を加工して金串を作るためには、それなりの財力が必要だった。

ポセイドーニオスの著作そのものは失われてしまったが、2世紀末ごろのギリシアの著述家アテナイオスが引用したポセイドーニオスの記述によると、ケルト人の食事は「いくつかのパンのかたまりと、水につけたまま運んできたたくさんの肉を焚き火の直火または火の上に金串をならべた上で焼いたもの」だった。水につけた肉とはおそらく焼く前にゆでた肉か、または焼く前に塩水に漬けておいた肉のことだろう。いずれにせよ「彼らは両手で骨付きの肉のかたまりをつかみ、……まるでライオンのようにかぶりつく」というポセイドーニオスの記述は、現代のバーベキュー好きなら誰でも覚えのある光景に違いない。

ヨーロッパにおいて肉をあぶり焼きにすることが旧石器時代末に始まっていたのは確かだが、中世になるとこの調理法は非常に裕福な家庭でしか見られなくなっていた。それは特別な設備が必要なためでもあったが、串のそばで常に目を光らせて串をひっくり返す「串《スピット》ボーイ」という召使いが必要なためでもあった。金串を使うには、肉を大きなかたまりで購入できるだけの財力も必要だった。そういうわけで串を使うあぶり焼きは金も時間もかかる方法だったが、大きな設備さえあれば丸ごとの豚や羊や子牛、そして鶏、アヒル、ガチョウなどを一度に焼くことができるので、大人数の集まりにはうってつけだった。

中世のイギリスでは、甘味や酸味を加えた肉のあぶり焼きのレシピが料理書に載るようになっていた。それは何世紀も後に北アメリカ大陸で発展する各種のバーベキューソースの登場を予感させるものだった。たとえば15世紀末のロビーナ・ネイピアはサギのローストのレシピで、焼きながら酢、マスタード、ショウガの粉末、塩を混ぜたソースをかける、と記している。(5) サギが串にさしづらいときは、はがしたサギの皮で肉を串に縛りつけるとよいという名案も示している。トマス・ドーソン著『よき主婦の宝物 *The Good Huswife's Jewell*』(1585年)には火を通した肉の薄切りに卵黄、干しブドウ、デーツ[ナツメヤシの実]、スパイスを混ぜたミートローフのようなものの串焼きが紹介されている。「材料を全部こね混ぜたら、それを焼き串のまわりにくっつけ、その下に大皿をセットして材料の表面にバタ

イギリスの探検家ジョン・ホワイトが描いた、ヴァージニアの原住民が魚を焼く様子。あぶり焼きの一種のように見える。火の近くに立てた棒に魚が吊るしてある。1585〜6年。

ーをかけまわす。次に酢、ショウガ、砂糖でソースを作る」とある。

16世紀、イギリスの料理書の著者ジャーヴァス・マーカムがフランス料理から調理法を採りいれた「カルボナード」を「火の上であぶり焼きにした肉」として紹介した。そしてこの料理のポイントは、焼く前に「肉の両面に切れ目を入れてから多めに塩をふり、甘味のある溶かしバターを全体にかけまわす」ことだとしている。ドイツ人料理研究家フランツ・デ・ロンツィールも『いろいろな料理の作りかた *Kunstbuch von mancherley Essen*』(1598年)で、カルボナードをおいしく作るには「焼く前に[肉を]包丁の背でたたいて柔らかくすることが必要だ」と書いている。またマーカムは「フックや針のついた鉄板に肉をひっかけ、火の近くに置くといい。そうすれば前からは火で、後ろからは鉄板で肉を熱することになり、調理時間が短縮できると同時においしく焼ける」とアドバイスしている。調理中は肉を裏返したり「キツネ色になるまで溶かしバターをかけまわしたり」して、焼きあがったらバターと酢を添えて食卓に出す。

こうした料理書、考古学史料、旅行者の記録などを見ると、ヨーロッパ人はカリブ海地域のバーベキューに出会う以前からそれに似た料理を考案していたばかりか、現代の北アメリカ地域のバーベキュー文化の重要な部分を占める、焼いた肉に酢および各種スパイスでアクセントをつける方法もすでに確立させていたことがわかる。

一方でこの料理は男らしさの競い合いという色を帯びることも多かった。次章では、串を使って焼いた肉が単なる（とてもおいしい）食事以上の存在になっているのはなぜか、バーベキューの文化的側面について探求してみよう。

第2章◉男らしさと祝祭

◉バーベキューは誰のもの?

ハワイのカルア・ピッグ、モンゴルのボードグ、メキシコのバルバコア・デ・カベサ、あるいはスペインの牛のローストなど、バーベキュー料理は世界の多くの文化で男の領域と見なされている。だがそれがなぜなのか、よく分かっていない。バーベキューの男っぽさを指摘する文献は多いが、なぜという問いへの答えは巧みに避けられ、ありきたりの言葉が返ってくるばかりだ。

たとえばバーベキューを調理している人の発言を聞いてみよう。「私たちの中にいる石器時代人のなごりだ。だからこそバーベキューをする男性がどんどん増えているのだと思う。いかにも男っぽいことだから。戸外で焚き火とたわむれ、料理の腕自慢をする。バーベキューなら暴力抜きで、男っぽさを思いきり発散できる」。この発言では石器時代の女性の存在も、家族のために動物を殺してさばき、肉を焼いてきた女性たちの長い歴史もきれいに忘れられている。これは家の中と外とを区別する文化を反映している。中は女性、外は男性の領分という二分法である。

この考え方は比較的最近のもので、19世紀の工業化時代の社会構造から生まれている。消費財の生産の場が家庭内から大規模な工場に移ったその時代、家庭という空間は――特にアメリカとイギリスでは――それまでとは違う性格をもつようになった。家庭内の作業とそれにともなう雑然とした室内にかわって、家庭は（観念上のことにすぎないとしても）落ちついた女性がとりしきる穏やかな聖域になったのだ。家庭の神殿には動物の犠牲をささげる必要はなかった。

こうしてアメリカでは、戸外で調理する必要のあるバーベキューはもっぱら男の仕事になった。さらに政治的な集会でバーベキューをすることも多かった。19世紀末のアメリカではきちんとした家庭の「レディー」はそのような集会に出ることは許されなかったので、バーベキューは煙とともにますます男の香りを発することになったのだ。

アメリカの南北戦争の時代を背景とした映画『風と共に去りぬ』（1939年）の1シーンにこんなものがある。乳母のマミーがスカーレット・オハラの着替えを手伝いながら、近所で開かれるバーベキュー・パーティーで淑女らしくふるまえるよう、出かける前に何か少し食べておきなさいと言う。スカーレットが「パーティーで食べるわ」と言うと、マミーはこう答える。「ご近所の方々がオハラ家のことをなんと言うか気にならないとおっしゃるならそうなさい。私には気になりますけどね！」。19世紀中頃のアメリカ南部では、煙で燻しながら焼いた肉がメイン料理となるような催しに女性が参加することは問題なかったが、そのような場で女性が肉をもりもり食べることはまだタブーだったのだ。

こうした女性の行動に関する新しい規範が、屋外で肉を焼く行為を男の領域とみなす20世紀の傾向の理由だとする説がある。その一方、もっと昔の牧畜が行なわれる以前の社会では、男は狩人であり共同体のメンバーに動物性タンパク源としての肉を供給する責任を負っていたからバーベキューは男の料理だった、とする説も有力だ。狩人がもたらす肉は日常的な食べ物ではなく、たまにしか食べられない特別なご馳走だった。言いかえれば、肉は力の象徴だった。だからこそ獲物をもたらした男は、肉の提供者という共同体で一目置かれる立場を手放さないためにも、みずから調理するのが当然だったというのだ。

多くの場合、獲物の肉は狩猟の現場から居住地まで運ぶあいだに腐敗することのないよう、すみやかに調理する必要もあった。第1章で見たように、煙で燻して乾燥させるのがすぐれた保存法であることは古くから知られていた。この方法を採る場合、獲物をしとめた男がその肉をバーベキューするのは当然であり、狩りの仲間の男たちもその作業をしたはずだ。集落に帰れば肉の燻製は女性や子供たちとともに食べただろうし、保存食としての肉を他の材料と混ぜて女性が調理することはあっただろうが、肉を調理する最初のプロセスは男が担うことが多かったのだ。アメリカ学研究者エリザベス・エンゲルハートは「大多数の人にとって、バーベキューの男らしさを示す記号――カウボーイ、狩猟、飾りけのない食べ物というイメージ――はバーベキューそのものと不可分である」(1)と指摘している。これを受け入れるならば、この非常に多様な性質を帯びた食べ物であるバーベキューが「本物」であるためには、男っぽくなければならないのだ。

古代北ヨーロッパでは、バーベキューにした肉は戦士だけが食べる特別なご馳走だった。作るのに時間と燃料が必要だったからかもしれないし、あるいは多くの場合そうした肉は大ぶりに切った肉片であり、戦場を連想させるものだったからかもしれない。

その例はアイルランドの壮大な叙事詩『ブリクリウの饗宴』にも見られる。ブリクリウは地方の主だった3人の王を食事に招き、宴席に用意した「英雄の分け前」つまり料理のいちばんよいところをあなたにだけ与える、とそれぞれにこっそり耳打ちする。彼は3人の王がそのご馳走——大鍋にたっぷりのワインと甘いミルクと木の実と出し汁を与えて育てた7歳の豚の肉と、甘いミルクとハーブで育てた7歳の牛の肉——を得るために必死で戦うことを期待していたのだ。ここに出てくる豚と牛の大きさと、ケルト人の食生活の伝統から判断するに、供された料理は煮込み料理ではなく串焼きだっただろうと推察される。そしてその料理が発するバーベキューの香りは、命をかけて争う価値があったに違いないと思うのだ。(2)

パプア・ニューギニアでもバーベキューは戦いと結びついている。イアトムル族のあいだでは村と村の戦いのあと「[もどってきた]戦士は、犠牲者の霊のたたりを避けるために祈禱《きとう》小屋で『豚の饗宴』を催す」。この饗宴を催す戦士は自分の家系ではない「他人の家の人々に食事を提供し」、彼自身は何も食べない。これは人の世の出来事をつかさどる大きな力をもっている精霊と人間との調和をとりもどすための儀式のひとつだ。このとき供する肉は伝統的な方法、すなわち地面に掘った炉穴にバナナの葉を敷きつめた上で焼く調理法で準備される。この「豚の饗宴」は戦闘における男の役割と非常に強く結びついていたので、おおむね部族間の平和が保たれている現代のパプア・ニューギニアの住人がこの料理をする際は、正しく調理する手順として戦闘を模した儀式を行なう。(3)

そこまで暴力的ではない戦いとバーベキューのつながりもある。古代ギリシアのオリンピック競技会がそうだ。遺物の壺には、選手が棒に刺した肉を祭壇の火であぶるシーンが描かれている。これは開催期間中毎日行なわれ、その日の試合で神々の加護を得るため、生贄をささげたのである。選手が肉を食べる一方で、神々はバーベキューの真髄《しんずい》とも言うべき煙の香りを楽しんだわけだ。

神話に登場する半神半人も、肉にかぶりつくだけではあったが、バーベキューを楽しんでいた。ギリシア神話によれば、あるとき半人半馬のケンタウロス族のポロスが、男の中の男とも言うべきヘラクレスをもてなした。ポロスは「ヘラクレスの前にあぶった肉を出し、自分は生の肉を食べた」。ヘラクレスは肉を飲みくだすためにケンタウロス族秘蔵のワインのふたを開けるようポロスを説きふせたが、他のケンタウロス族が怒り、ヘラクレスを襲ってきた。英雄ヘラクレスは毒矢で応戦したが、そのとき彼をもてなしてくれたポロスまで毒矢に触れて死んでしまったということだ(4)。

歴史家トニー・ペロテットの古代オリンピックに関する著書によると、オリンピック競技の勝者のための宴には「男の楽しみという側面があった」らしい。女人禁制のその宴で、お楽しみのために雇われた娼婦だけは歓迎されたのだそうだ。このような席では「料理の種類や量によって」どの指で食べるか、何本の指で食べるかが決められていたという。宴でふるまわれるバーベキューには「雌豚の子宮のロースト……子牛の串焼き……近くの山でしとめたばかりの猪、雄鹿、ガゼル」が使われたというが、おそらくそれらはギリシア風に金串を使ってローストしてあったのだろう(5)。

古代ギリシアでは勝利の喜びを増すためだけでなく、人の悲しみをいやすためにもバーベキューがふるまわれた。アキレスが共に戦った旧友パトロクロスの死を嘆いていると、別の戦士たちが「豪勢な弔いの宴を催した」ということだ。ホメロスの叙事詩『イーリアス』によれば、戦士たちは「たくさんの雄牛、羊やメーメー声をあげる山羊を殺して切りわけ、さらに十分えさを与えて肥えさせた牙のある猪は皮の毛を焼いて除き、火と鍛冶《かじ》の神ウルカヌスの炎で焼いた」。ギリシア世界で男らしさを示す戦闘とバーベキューというふたつの行為の関連を強調するため、ホメロスは『イーリアス』第23巻で、宴の準備のあいだ「なきがらの横たわる周囲には流れる血が細い流れを作っていた」と書いている。

ハワイには豚の丸焼きをふるまう祝祭ルアウがある。西洋人はかなり以前からルアウを、男女間の抑制が解放されてロマンスが生まれることもある一種のどんちゃん騒ぎだと思いこんできたが、本来は男性だけが参加するものだった。大勢のヨーロッパ人が南太平洋ポリネシアを訪れてその文化に影響を与えるようになる以前、ハワイでは男女が共に食事をすることや女性が豚肉を食べることをタブーとする慣習が守られていた。食物歴史家カオリ・オコナーによれば、19世紀に多くのヨーロッパ人観光客がハワイを訪れるようになる前は「ハワイの祝宴は宗教と結びついた食文化の一部だった」。実際に食事をするのは人間だとしても、宴は人間ではなく神々に食事を供する場と考えられていた。(6) 食べ物はまず神々の大きな像の口元に供えられ、次に神官と地位の高い男性が食べる。ティーリーフ［リュウゼツラン亜科の植物ティーの葉］に包んで豚などを蒸し焼きにしたカルア・ピッグはたしかにとてもおいしいが、人間より神を喜ばせることがこの料理の主たる目的だったのだ。人間は聖なるものとの交流を行なうためにその場にいるだけだった。しかしハワイの人々は西洋文化を採りいれ、食事における男女の同席禁止など旧来の食に関するタブーを捨てた。島の人々のキリスト教化が進むと、土着の神々に食事をささげる行事も必須ではなくなった。しかし地面に作った炉穴で豚を蒸し焼きにする伝統は捨てるにはあまりに惜しいということでルアウは宗教色を失い、人間生活における重大な行事をいろどる世俗的なイベントになったのである。

宗教的な理由でなく男女の役割の違いが理由でバーベキューが男性限定のイベントとされてきたケースもある。たとえば南アメリカで牛追いをしながら長距離を移動する者たちをガウチョと呼ぶが、これは伝統的に男の仕事である。彼らの主な仕事は牛の群れをひとつの場所から別の場所へと移動させることだが、時にはその別の場所が彼らの胃の中ということもある。フランシス・イグナシオ・リカードは南米アンデス地方を旅した記録を1863年に出版し、その中である晩、彼と従者は「ガウチョが焚き火の近くで串焼きにした本物のア

サードを」食べたと記している。(7) 彼は「ガウチョの作ったローストビーフひと切れのためならパリのオテル・デュ・ルーブルのコース料理をあきらめてもいい」(8) と、この素晴らしく野趣に富んだバーベキューを褒めたたえた。

1912年にも、アメリカの新聞社主ウィリアム・ディクソン・ボイスがアルゼンチンへ旅行した経験をもとに、ガウチョの男っぽさについて記している。ボイスによればガウチョは、簡単なシチューとアサードをのぞけば「ほかの料理を知らず」、彼の時代のアメリカ人の基準からすればまったく料理に関心がなかったということだ。(9) かなりの空腹にも耐えられることで知られるガウチョは、いざ食べるとなれば「信じられないほどたくさんの肉を食べる」が、ボイスには男なら当然と思われる味へのこだわりや肉そのものへの嗜好《しこう》が彼らには見られなかったらしい。あくまでも男っぽいガウチョの描写の仕上げとして、ボイスはこんなことを付けくわえた。「彼は攻撃にも防御にも同じ長いナイフ1本しか使わない。そしてアサードの肉もそれ

猟師をローストする野うさぎたち！　ドイツの装飾彫刻より。1465～1500年頃。

で切る」。この一文だけで、ガウチョが倒した敵の血がアサードのソースになる様子が目に浮かびそうである。

北アメリカでは、男の仕事としてのバーベキューには長い歴史がある。ネイティヴ・アメリカンの社会ではほとんどの料理は女性が作るが、村から遠い場所で捕った肉や魚は、持ち帰るあいだに傷まないよう煙と火で処理することがある。アメリカの作家ネルソン・オルグレンがこう書いている。

> 先端のとがった棒に肉を刺し、炎の上にかざすことであぶり焼きができる。狩人はごつごつしていない木を切りとって殺した鳥や獣のからだに刺し、その木の両端を石の上に固定してその下から焚き火で肉を焼くのだ……バーベキューの方法はバッファローを狩る白人がインディアンから学んだものである。[10]

1880～1890年代にアメリカ北西部を旅して民族誌

を執筆したジョージ・ソーントン・エモンズはこう書いている。

私はチルカット族の猟師の一団が、焚き火の火が弱まったあとその下の地面に穴を掘り、そこに山羊の肉を入れて調理するのを見た。穴にはアメリカミズバショウの葉を敷きつめ、肉を入れたら葉と灰をかぶせる。熱い燃えさしを穴の上まで引きずってきたところへ大きい薪も足し、そのまま翌朝まで置いておくのだ。

エモンズが描写した方法はポリネシアの男たちが宗教儀式として行なっていた調理法とよく似ているが、チルカット族の男たちが肉を焼くのは猟師の仕事の一環だった。それと同時に、肉を焼くという昔ながらの男の仕事をすることで、伝統的な役割と祖先に対するつながりを感じていた。同じアラスカ原住民であるトリンギット族のある男性は、現代のアメリカで鮭を燻煙しながら「私は鮭を燻すときはいつも畏敬の念を感じます……たいていの人にとってはなんでもないことでしょうが、私にとってはひとつの儀式なのです[11]」と語っている。

南北戦争時、アラブ風の軍服を着た北軍のズアーブ歩兵隊のひとりが特別配給の野生動物を焼く様子。着色石版画。1864年。

◉政治とバーベキュー

前述のオルグレンは、アメリカに入植したヨーロッパ人は大勢の集会で食事を提供する手段としてバーベキューを採用したとも記している。18世紀アメリカの劇作家ロバート・マンフォードは三幕劇『候補者たち――あるいはヴァージニアの選挙にまつわる滑稽な話 *The Candidates; or, Humors of a Virginia Election*』でそうした集会の騒々しさを皮肉っている。たとえばこうだ。選挙活動中のバーベキュー・パーティーで3人の登場人物が酒を飲み過ぎ、そのうちのふたり――夫婦ではない男女――は酔いつぶれる。女性の夫は妻と友人の男性に悪質ないたずらを思いつき、妻のからだを引きずって男性のからだの上にのせてしまう。目をさました彼女は自分の貞節が損なわれたと思うだろう。ここでマンフォードはバーベキューと政治の組み合わせは人々に最悪の結果をもたらすと言いたかったのかもしれない(12)。

広く読まれた小説で後に映画化された『フライド・グリーン・トマト』[和泉晶子訳。二見書房]の著者ファニー・フラッグは、その見解にさらにひねりを加えている。妻を虐待する粗野な男だった夫を殺したあと、妻と彼女の友人は遺体を始末するためにバーベキューにするのだ。行方不明の夫を捜索して妻が働くカフェにやってきた刑事は、それと知らずに捜索中の男のバーベキューを5皿も食べてしまう。

北軍復員兵の親睦団体（GAR）が開いたバーベキュー。1895年頃、立体幻灯機用スライド。

アメリカのバーベキューが政治活動において大きな役割を果たし始めるのは、１８４０年代にすべての白人男性に選挙権が与えられてからのことである。19世紀末、メソジスト教会の牧師ルイス・アルバート・バンクスは少年時代を過ごしたオレゴン州で行なわれていた政治家のバーベキューについてこう回想している。「運動員は選挙活動のための募金を集めるかわりに、近所をまわって子牛や羊や豚の寄付をたのんだものだった」。バーベキューをする予定の場所では集められた動物を殺して吊るし、

細長い溝を掘って何時間もそこで火を燃やし、バーベキュー前日の深夜に全ての肉を溝の火の上に置く。肉は長い緑の枝に刺してあり、完全に焼きあがるまでの約12時間、つねに誰かが見守っていた[13]。

募金だけでなく、肉の世話も男の仕事だった。当時は、女性が現金を扱ったり夜間に家の外で長時間を過ごしたりするのは慎みのないことだと考えられていたからだ。

アメリカ南部では、こうした大規模なバーベキュー・パーティーで肉を焼くのは黒人男性の仕事だった。19世紀末のジョージア州における政治的なバーベキューについて書いたアーサー・ファーミン・ジャックによると「溝の前に配置された黒人たちは肉にバターや肉汁をかけまわすのに大忙しで汗をかいていた。これは気をゆるめることなくゆっくり続ける仕事で、肉がおいしいバーベキューの基準に達するまで何時間も続くのだった」。このように、バーベキューは白人の男にとっての誇りだとはいっても――「ジョージアはバーベキューの州だ（ケンタッキー人には別の言い分もあるだろうが）」とジャックは書いている――多くの場合、実際に作るのは黒人だった。

黒人たちはこの仕事が思いのほか重要視されていることに目をつけ、自分の食堂を開いて金を稼ぐようになった。南部のシェフ、ジェイソン・シーハンは「南部では他のどんな公共の場よりも早く、食堂、裏庭、道路わきのドライブインなどで人種差別が解消されていた」と書いている。だがその一方で、公民権法によって禁止されてからも人種差別をやめないバーベキュー場もあった。バーベキュー場は人との絆を深める楽しい場ともなるが、争いの場

となったのも事実である。(14)

黒人は白人のためにバーベキューを作るだけだったかというとそうではない。ゾラ・ニール・ハーストンの小説『彼らの目は神を見ていた』〔松本昇訳。新宿書房〕でこのような描写がある。黒人だけが住むフロリダ州のある町の住人たちが、公道に初めて街灯がともるという公民権運動の成果を祝う準備をしている。どんな行事をするのが適当かを相談していたとき、市長が「みんなが喜ぶものといえばバーベキューでしょう。私は豚を1頭提供します」と宣言する。町の女性たちはパイを作るよう頼まれる。「こうしましょう。女たちは甘いもの、男たちは肉の面倒を見るんです」と言う。ついに街灯がともされると、集まった人々は讃美歌を「喉がかれるまで何度も何度も歌った。……それから、彼らは静かにバーベキューを食べた」。ここで、バーベキューの神聖さが暗示されていることは明らかだ――讃美歌を歌うことで清らかになった口に最初に入れる食物がそれなのだから。

食物史研究家アンドリュー・ウォーンズは、バーベキューは繊細さの対極にあると言われることで、かえって選挙運動中にふるまうには好ましい食べ物とみなされるようになったと論じている。選挙権がすべての白人男性に拡大されたことが有利にはたらいた最初の大統領候補のひとりアンドリュー・ジャクソンの場合、特にそれが当てはまるという。「白人のアメリカ人は、ジャクソンが選挙運動にバーベキューを活用したことで、対立候補のジョン・

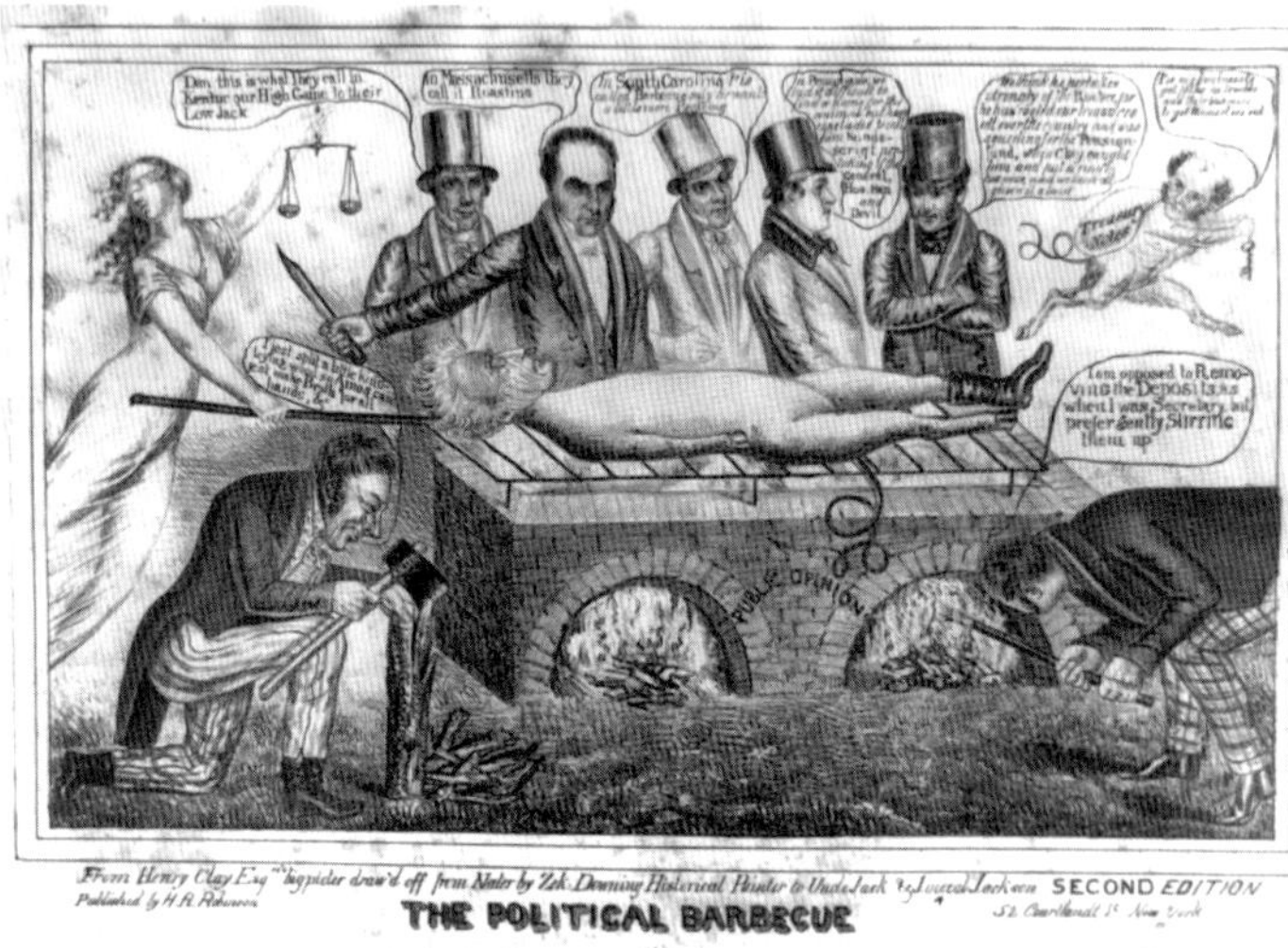

政治家（アンドリュー・ジャクソン）がレンガのバーベキューグリルで焼かれている政治漫画。1834年。

クインシー・アダムズが都会的で洗練されているのに対し、みずから『無骨』『粗野』のレッテルを張ったものと理解した」とウォーンズは書いている。他の候補もバーベキューをしていたようだが、バーベキューの男っぽさを体現していたのはジャクソンだけだったとウォーンズは考えたのである[15]。

19世紀末のアメリカ政界の動き全体を「偉大なるバーベキュー」と描写した歴史家がいる。その歴史家ヴァーノン・パリントンは「開拓地に住む人々にとってバーベキューほど民主的なものがあるだろうか」と問いかけたが、一方で、この一見公平と思われるパーティーもやり方次第で不公平になると続けた。なぜなら「いちばんおいしいところは上客にまわされ」重要度の低い客には切れ端ばかり渡されるよう給仕たちが気を配っていたからだ[16]。この時代が食物に関する言葉ではなく、むしろパリントンと同時代に活躍したマーク・トウェインが発明した言葉「金ぴか時代」によって知られていることは、バーベキュー愛好家には残念なことである。

選挙運動中のバーベキューに愛着をもつあまり当選後もパーティーを続ける政治家もいる。リンドン・B・ジョンソンだ。彼は国民の人気を得るため、政界での活動期間を通してバーベキュー・パーティーを利用したことで知られている。歴史家ハル・ロスマンは「ジョンソンは上院議員時代、副大統領時代を通し、彼と出身地テキサスとのつながりを強調するためにバーベキューを利用した」と書いている。[17] さらにジョンソンは、大統領就任後初の公式晩餐会として、当時の西ドイツ首相ルートヴィヒ・エアハルトを、テキサスでのバーベキューに招待している。そのとき肉を焼いたのはジョンソンではなく、バーベキューの名手とうたわれたウォルター・ジェットンだった。ジェットンは地面の上に建築用ブロックを積み、その上にメッシュ状の金網をのせて肉を焼く方法を好んでいた。「レディー・バード」の愛称で知られたジョンソン夫人は焼き網のまわりやキッチンでの仕事はほとんどしなかったが、バーベキューソースにはバター、ケチャップ、レモン汁、ウスターソース、酢を使う彼女のレシピが採用された。

ジョンソン夫妻にとってバーベキューは、大勢の客をもてなす手段以上の存在だった。それは前任のケネディ大統領夫妻のいかにもエリートらしいスタイルと彼らとの違いを際立たせるのに有効だった。さらに、それまで堅苦しいものと考えられていた行事にうちとけたムードをもたらす効果もあった。このじっくり時間をかけ、ピリッとした刺激をきかせるひと味違う政界工作に、『ニューヨーク・ヘラルド・トリビューン』紙のある記者は「バーベキュー外交」とあだ名をつけた。

ロスマンによれば、ジョンソンはテキサスに里帰りしたさいに同行していた記者団のために、サプライズのバーベキュー・パーティーを開いたこともある。当時の記者団は大半が男

バーベキューを楽しむリンドン・B・ジョンソン大統領（左）とヒューバート・ハンフリー副大統領（右）。1964年。

性だった。招待状には「第4身分［プレス団］の諸君の疲労をかんがみ、ジョンソン大統領夫妻は同行記者団をバーベキューに招待する」とあった。記者たちの家庭を遠く離れた旅続きの生活を考えれば、この招待は、ほうっておけば男はまともな食事もできないという一般的な思いこみを反映すると同時に、遊牧民のような生活を送る大勢の人間にふるまうにはバーベキューが最適だという事実も映し出していた(18)。

◉バーベキュー・パーティー

1962年、テキサスでのことだ。NASAのマーキュリー計画［アメリカ初の有人宇宙飛行計画］に参加している宇宙飛行士たちを讃えるための巨大バーベキューが屋内で開かれた。故郷から遠く離れて未知の土地に向かったテキサスのカウボーイと、未知の宇宙に向かう飛行士とを関連づける意図があったのかもしれないし、単にテキサスなら当然バーベキューだ、ということだったのかもしれない。このときの様子をトム・ウルフは『ザ・ライト・スタッフ』［中野圭二、加藤弘和訳。中央公論社］に印象的なシーンとして記している。5000人分のバーベキューを作るためにサム・ヒューストン競技場に10個のバーベキュー用のピットが掘られ、「大きな牛はじゅうじゅうと焼かれ、肉がはじけ、焼き肉の煙は冷えきった空気

「労働者の日」に無料でふるまわれるバーベキュー・サンドイッチを作る様子。コロラド州リッジウェイ、1940年。

にのって屋内中に漂う。辛うじて吐気をおさえていられるのは、極端に寒いためだ」と述べている。ウルフにとってこのようなバーベキューは、自然との境界やフロンティア・スピリットなどというものより、アメリカの過剰さをあらわすものだった。[19]

食物史家チャールズ・ペリーによれば、南カリフォルニアの人々もバーベキューをイベントに仕立てようとしたことがある。彼らはメキシコの伝統を受けいれ、それになじんだ食生活をおくっていたが、19世紀末から20世紀初めごろのロスアンジェルスの住人は朝食に牛の頭のバーベキューをしていたという。実際にはいろいろな肉が使われたが、子牛の頭が一番人気だった。ペリーによれば、白人のロスっ子たちは自分たちなりのロス名物を作りたいと考え、その土地に最初に住みついたスペイン人入植者のパーティーのスタイルを参考に独自の伝統料理を考案しようとしたのだ。その後ロスアンジェルスがメキシコやスペインの伝統を復活させるより映画とスターにまつわる文化を発展させるようになったことで、大規模なバーベキューに対するロスっ子たちの熱はさめていったのだろう、とペリーは推測している。[20]

アメリカでもっとも有名なフードライターのひとりであるM・F・K・フィッシャーは、南カリフォルニアで過ごした青春時代に、ペリーの言う過去のスペイン時代の神話を再現しようとしたバーベキューのひとつに参加し、そのときのことを書いている。

ニューメキシコ州パイタウウンでバーベキューを食べる男たち。1940年。

盛大なバーベキュー・パーティーに連れていかれた……新しい〈エルク・クラブ〉か何かの資金集めだった。それは私が経験したいちばん本物らしい、いかにも昔ながらのカリフォルニアらしいバーベキューだった。幅のひろい長いテーブルがあって……大きな炉穴で2匹の子牛を一晩中丸焼きにしていた。

彼女はさらに、このイベントは

全員が白人で、炉穴のわきにいる料理人だけが本当のメキシコ人だったと思う。でも音楽はどこへいったのだろう。2、3台のギターとできればコルネット［金管楽器の一種］が『ラ・パロマ』の曲をむせび泣くように奏でていなければ、本物の昔ながらのバーベキューの雰囲気は出ないというのに。(21)

たとえじっくりあぶり焼きにした肉があっても、伝統の音楽とそれに包まれる雰囲気の味つけがなければ、フィッシャーには物足りなかったようだ。

◉変わったシェフたち

伝統的な味を伝える料理人によく見られることだが、バーベキューの場合も客に風変りな行動を強いたシェフがいたようだ。たとえばジョン・グリシャム著のミステリ小説『評決のとき』〔白石朗訳。新潮社〕に出てくる架空のバーベキューレストラン〈クロード〉では、行列を作る客をさばくためテーブルについた客はジャスト20分で食べ終えて出て行かなければならない。よそ者の『ニューヨーク・タイムズ』紙の記者がそこを訪れて「シェフサラダ」を注文するとオーナーはその客を「ののしり、バーベキューを食わないなら店を出ていけと告げた」。カンザスシティが舞台のダグ・ワーガルの小説『薄いブルーの煙 *Thin Blue Smoke*』（２００９年）でも、横暴な変人オーナーのせいで客は自由に注文ができない。オーナーはフライドポテトの注文を拒否するし、彼の祖母のレシピによるビネガーパイ〔レモン汁のかわりに酢を使う〕を絶対にメニューからはずさない。[22]

バーベキューレストランの店内装飾がオーナーの変人ぶりを示すこともある。カンザスシティの有名なバーベキューレストラン〈アーサー・ブライアンツ〉にささげた愛すべき文章の中でコラムニストのカルヴィン・トリリンは、開店当初は「店内に視力検査表以外の装飾はいっさいなかった」と書いている。こんなレストランの装飾はちょっと他にはないだろう。

ジョン・スタインベックは短編のなかで、自分の農場でのバーベキューに大勢の客を招待した登場人物にこう言わせている。

レイモンドは感心したような顔の男たちに囲まれて小さなチキンをいくつも焼いていた……「私よりうまくできるという奴がいたら、さっさとどこかへ行ってくれ」とレイモンドは男たちにどなった。「もしチキンがいらないなんて言う変人がいたら、ステーキを焼くぞ」。

客を変人扱いするのもバーベキューシェフ特有の才能らしい(23)。

●理想の家のバーベキュー

アメリカでは1940年代末から50年代にかけて、バーベキュー・パーティーを開く（そして自分で勝手なルールを作る）ことが、金持ちの政治家だけに許される特権から誰にでもできることへと劇的な変化をとげた。第二次世界大戦の戦場から戻ってきた兵士が自分の家を買えるようにと制定された復員兵援護法が、アメリカのバーベキュー文化に、そして同時

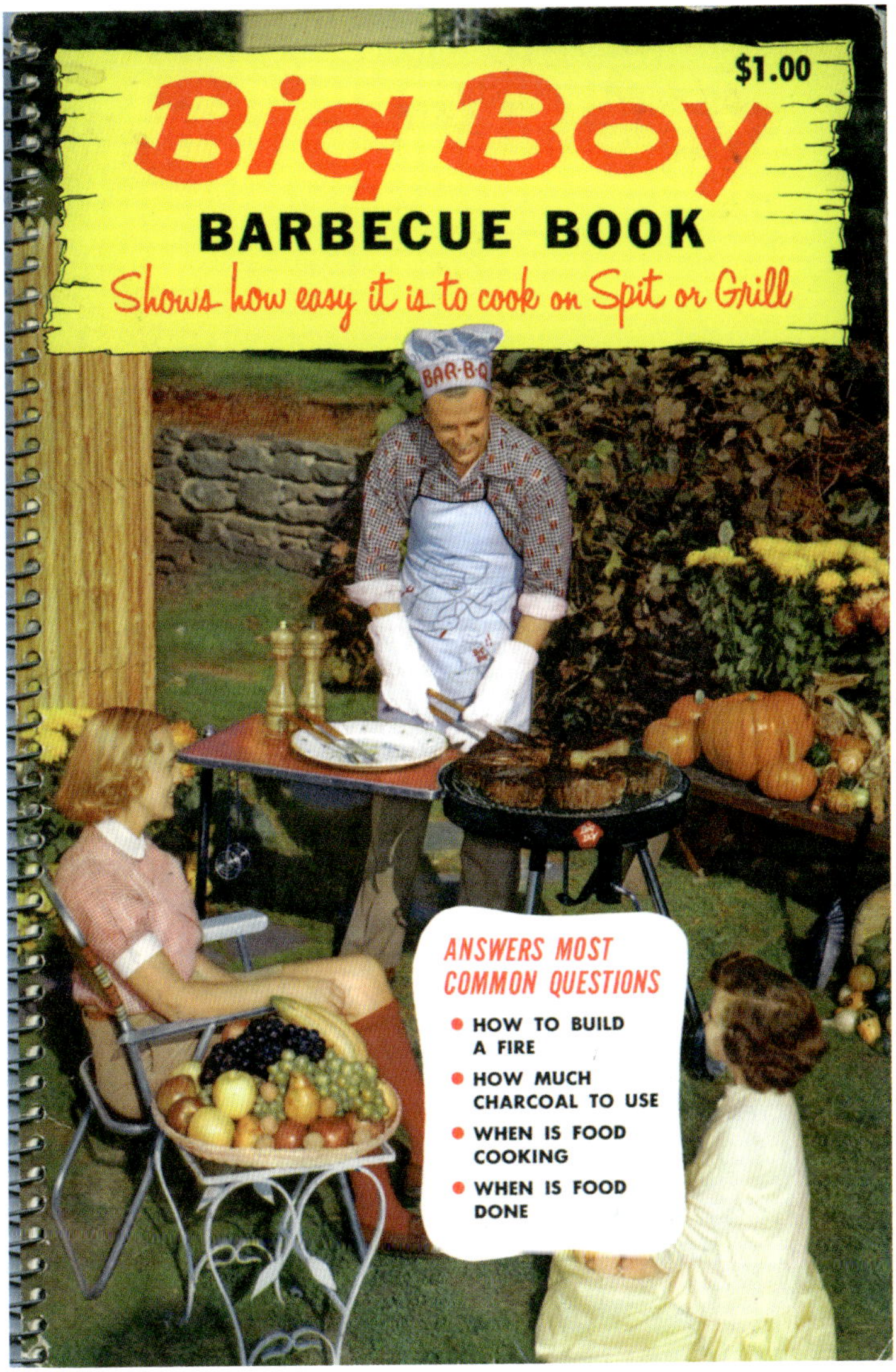

1950年代に出版された『ビッグ・ボーイ・バーベキュー・ブック』

に男らしさにも大きな影響をおよぼしたのだ。

産業革命初期から戦後の１９４０〜50年代くらいまで、中流階級のアメリカ人の社会は男女別に形成されていた。余暇といえば男性は男同士で過ごし、女性は子供や他の女性と過ごしていたのだ。しかし復員兵が自分の家族専用の家を買えるようになったことで、状況は一変した。彼らの家は郊外に新築されるケースが多く、街中《まちなか》にある酒場のような昔ながらの男のたまり場から遠かったので、以前と比べて男性が家で過ごす時間が増えたのである。

新しい理想の家には広い芝生の裏庭があり、そこは半ば私的、半ば公的な場所の役割を果たすことになる。客を招いたときは裏庭に通し、家の中まで通さずにすむとなれば、知り合いが増えても親密になりすぎてストレスを感じる心配はない。裏庭は大人が見守っていなくても子供たちだけで遊べる社会勉強の場であり、大人もリラックスできる――その家の主婦は掃除が行き届いていないことを気にしなくてもいいし、客も自分のふるまいにあまり神経を使わなくていい――場所となった。裏庭の安全で気楽な雰囲気をさらに完璧にするのが、食事と遊びを合体させたバーベキューだった。堅苦しい社交の集まりで落ちつかない思いをしてきた男性たちは炎をあやつって肉を焼き、それを手づかみで食べることで野性を気どることができた。

こうした裏庭バーベキューの流行はそのための調理器具の新しい市場を生みだし、さらには、中流社会に新しい父親像を生むことにもなった。新しい理想の父親像とは、抑制されているが無力ではない男らしさ、月曜から金曜まではきちんと抑えこまれ、週末になるとぱっと解放されてバーベキューグリルの前に立ち、ヘラで肉をひっくり返す男らしさである。

第3章◉バーベキューの技術

バーベキューが大昔から行なわれてきたのは、特別な道具や技術なしでとびきりおいしいものが食べられたからだろう。それでも長い歴史のあいだには、多少なりとも調理を容易にしたり、狭い場所でもできるようにしたりするための道具が考案されてきた。この章ではさまざまな時代と場所で工夫されてきた多種多様のバーベキュー用具を見ていく。主要な道具である棒（串と杭）、炉穴《ピット》（溝）、ラック、オーブンの順に考察するが、もちろんそれぞれに重なりあう部分も多いし、併用したほうがいい場合もある。

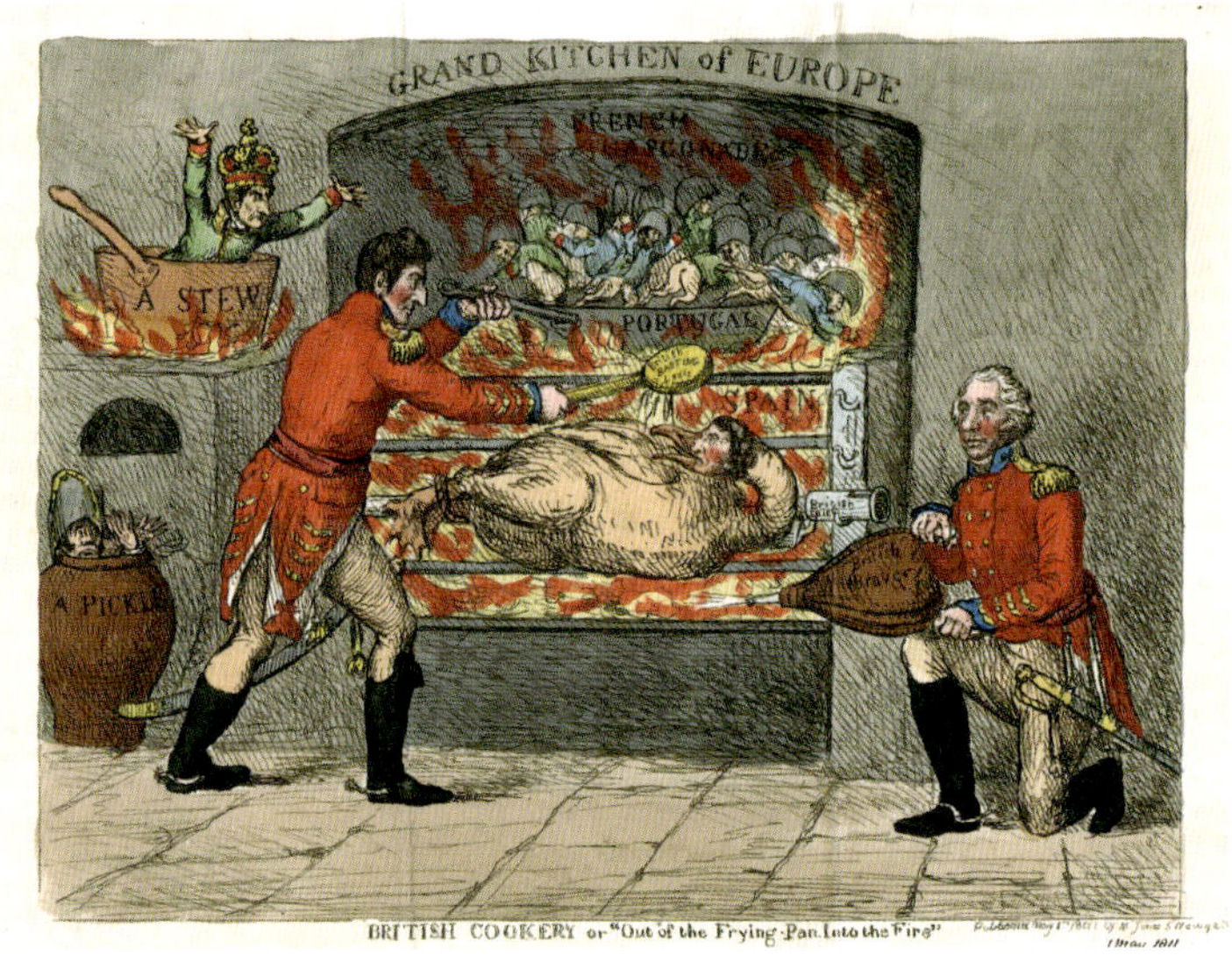

サミュエル・ドゥ・ワイルド『イギリスの調理場、あるいは「フライパンを出て火の中へ［小難を逃れて大難に陥る、の意味がある］」』（1811 年。エッチング）

◉棒

ピーター・グリーナウェイ監督の映画『コックと泥棒、その妻と愛人』（1989年）では、殺害した人物をローストして食べてしまう犯人が描かれ、物議をかもした。食べるなら普通のバーベキューがいい、というのが大方の意見である。

技術的に見ていちばんシンプルなバーベキューの方法は、棒を使って肉を火から離しておく方法である。串と支柱を使えば肉を水平にも垂直にも保持できるため、火の上にでも火の横にでも置いておくことができる。この方法では、肉を保持したまま回転させることもよくある。垂直な支柱なら一定の時間ごとに上下をひっくり返し、水平の串ならぐるぐる回転させればよいのだ。

アルゼンチンの特にパタゴニア地方で行なわれているアサードはその一例である。アサードの場合、たたいて平たくしたいくつかの大きな肉のかたまりを十文字に組んだ支柱、アサドールに結びつけ、それを焚き火のまわりに立てる。アサードの焚き火は一般的な炉穴のように深く掘った溝ではなく、浅いくぼみで燃やす。

肉を支柱に結びつけるかわりに串に刺す場合もある。南北アメリカ大陸にヨーロッパ人が鉄をもたらしたことで、この方法はいっそう広まった。理由としては、猟でしとめた鹿のからだに鋭くとがった鉄の串を刺すほうが、途中で折れてしまいそうな木の串を使うよりずっと簡単だということもあっただろう。また、金串のほうが木の棒より焚き火の熱に強い。そればかりか、前もって熱した金串を大きな肉のかたまりに刺せば、内側からも加熱することができる。とはいえ木製の支柱も、肉が完全に調理されるまで長時間火の近くに立てておくために何百年も使われ続けてきた。たしかに狩猟の旅の途中でバーベキューを楽しむには、木の棒を持ち運んだり必要に応じてその土地の木を切って棒を作ったりするほうが便利に違いない。

ブエノスアイレスを訪れたジャーナリストのボブ・シャコキスは、屋内で行なわれるアサードを見て「ガラス窓の向こうで炎をあげるキャンプファイアーだ。こんな料理風景は初めて見た」と記している。彼は屋内にバーベキューピットを備えたレストランに出会ったのだ。

> アサドールに十文字に縛りつけられた10頭ほどの羊らしき肉が、炎のまわりでジュージュー音をたてている……それぞれが脚を大きくひろげられて不気味な蝶のように張りつけられている。脂肪でてかてかし、キツネ色にこんがり焼けた肉汁たっぷりのロースト肉の三角旗《ペナント》(1)だ。

ピーター・アーツン『料理人』（1559年。キャンバスに油彩）串を刺された鳥に注目。

一般的なアサドールは肉が焦げることなく熱を受けるよう、地面に垂直だが内側の炎に向かって少し傾けて立てられる。

北西太平洋沿岸に住むアメリカ原住民は、彼らの作る鮭のバーベキュー（燻製）によって世界中に知られている。彼らが板を使って作る伝統的な鮭のバーベキューを味わったヨーロッパ人が、その名を広めたのだ。このバーベキューの方法はあらゆる種類の魚や動物の肉に使われ、アルゼンチンのアサードにも似ている。ただし、アメリカ原住民が使う板は材料に風味を加える役割を果たすという点だけがアサードとは異なる。彼らは開いた魚を湿ったシダー（ヒマラヤスギ）の板に結びつけ、60度の角度をつけて火のそばに置く。均等に火が通るよう、一定の時間ごとに板の上下を返す。この方法を使うと燻された木の香りが材料に移る。

これは19世紀に北アメリカ大西洋岸でとれるニシン科の魚シャッドの調理法として広く用いられた方法だが、シャッドの燻製にはシダーではなくオーク（カシ）が使われた。ファニー・ファーマーは有名な著書『ボストン・クッキングスクール・クックブック *Boston Cooking-school Cook Book*』（１８９６年）にシャッドの燻製の作り方を載せ「五大湖ではコクチマスの燻製がとても人気がある」[2]と書いている。１９１５年にはイーディス・トマスが自分の料理書で「シャッドの燻製を食べたら、二度と他の調理法はしたくなくなる」[3]と断言しているが、彼女は１００年以上前から何度も言われてきたことをくり返したにすぎない。ただ、ファーマーもトマスも女性なので、燻製にした魚を屋外の火ではなく台所のオーブンで調理した。彼女たちはおそらく焼きあがった魚を皿にのせてテーブルに出しただろうし、伝統にしたがい手づかみで食べるように勧めることはなかっただろう。

19世紀イギリスの随筆家チャールズ・ラムは「ローストポークに関する小論 *A Dissertation upon Roast Pork*」の中で、バーベキューのもっとも特筆すべき特徴は道具を使わずに食べることだとして、こんな話を紹介している。むかし中国にボーボーという頭の鈍い若者がいて、父親の家で火事をおこしてしまった。家で飼っていた9匹の子豚は全て焼け死んでしまった。焼け跡をかたづけようとしてその死骸に触れたボーボーは、熱さのあまりひっこめた指を口に入れて冷やした。そのとき彼はカリカリした焼き豚のすばらしい皮の味を発見したのだ。ボーボーがもし死骸を動かすのに熊手かなにかの道具を使っていたら、チャーシュー――今や世界中で愛されている広東風の豚のバーベキューが知れ渡ることはなかっただろう。

ユーモラスなラムの文章は、その後ひもと串を使ってローストする方法が考案されたおかげで、中国の人々は焼き豚を作るために家を燃やしてはまた建てなおすことをくり返す必要がなくなった、と続く。伝統的なバルバコアに使う大きく切り分けた羊と同じく、チャーシ

野外で燻製にされる鮭

ユーも丸ごとの豚でなく切り分けた肉を使い、それらをまとめて調理する。そうすることで肉汁やうま味を互いに移しあうことになるのだ。

中国ではアヒルも鶏もガチョウも同じように調理し、そうしてローストした肉は一般にシューメイ（燒味）と呼ばれている。シューメイはたいてい醤油《しょうゆ》、ハチミツ、各種香辛料を混ぜたタレに漬けてから、フックにかけたり串に刺したりして火であぶる。あぶる時は肉全体に均一に熱が入るよう、非常に大型のオーブンが使われる。金属製の燻製器にも似ており、巨大ロティスリー（肉焼き器）と呼ばれることもある。大型オーブンの熱源は現代では主に木炭で、ガスバーナーの場合もある。昔は薪をくべていた。そこで、昔は薪の煙がもたらしていたピンク色の肉を再現するため、現代の料理人は食紅を使うことも多い。

調理をするための装置を備えるのは金銭的に無理だという家庭がほとんどであり、そもそも日常的に使うわけでもないので、チャーシューなどのシューメイ料理は調理したものを買ってくることが多い。世界中にあるシューメイ屋では、大きなショーウィンドウにピカピカの肉焼き器を置いている。チャーシューを柔らかいパンのようなものの中につめた軽食もあり、これならおいしいチャーシューを手軽に楽しむことができる。これとそっくりなのがアメリカのプルドポーク・サンドイッチで、こちらはスモークした豚肉をほぐしてスパイスと甘いソースをからめ、やわらかいロールパンにつめるのではなく、サンドイッチにしたものである。

中国と同じように、ヨーロッパでも屋内でのバーベキューは珍しくなかった。大きな邸宅を構える裕福な家ではスピット・ロースター（肉焼き器）を使う方法が広く行なわれていたのだ。巨大な炉に鉄製の串をかけ、スピット（串）ボーイと呼ばれる少年が雇われて串を回す番をしていた。下に置いた受け皿に垂れた肉汁をすくって肉にかけるのも彼の仕事だった。串は水平にも垂直にもセットすることができ、ひとつの炉で何種類かの肉を一度に焼くことができた。15世紀に書かれたある料理書の著者は貴族の台所に欠かせないものとして、次のような驚くほど立派なスピット・ロースターの設備一式を推奨している。

回転装置と串を保持する鉄製金具のついた20台の肉焼き器。木製の串は絶対に使ってはいけない。木製のものは折れて肉を台無しにするからだ。長さ4メートルほどの鉄製の丈夫な串を120本用意する必要がある。さらに同じくらいの長さでもっと細い鉄の串を3ダースほど、家禽《かきん》類や子豚や川鳥を焼くために用意しなければならない。(4)

シカール料理長の名で知られるこの料理書の著者は、家の主人が料理人たちの手を借りて、バーベキューに次のようなちょっとしたいたずらをすることも勧めている。「大きくてよく

トマス・ビュイック画。垂直に吊るした串で鶏肉をローストする猿。版画。1800年頃。

肥えたガチョウに串を刺してローストし……クジャクの羽毛をかぶせ、クジャクを置くはずの場所に置く[5]」。クジャクもローストはするがクジャクの羽毛は着せず、置く場所も変えてしまう、というものだ。

しかし電気を熱源とする家庭用ロースターが普及し、家で鶏の丸焼きができるようになったことで、手間ひまをかける肉のローストはすたれてしまった。今では出来合いのローストチキンが世界各地で市販されて大人気だ。そして、市販のローストチキンのほうが家で焼いたものよりよい点がある。店ではたくさんの肉を一度に焼くため、お互いの肉汁をたっぷり浴びた肉のローストができるのだ。アメリカには、薪を燃料にした大きなオーブンでたくさんの種類の肉を一緒に焼き、重力の力で垂れてくるさまざまな肉汁をかけまわしたおいしいローストを食べさせてくれるレストランもある。

◉炉穴《ピット》

特別な道具を必要としないという意味では、何世紀も前からポリネシアで続く炉穴を使うバーベキュー、つまりピットローストがある。ハワイの祝祭ルアウで用いられるこの調理法は、1950年代にアメリカのレストラン経営者ヴィクター・バージェロン・ジュニア（彼

工場の大型燻製器に入れられた豚のあばら肉

のレストラン〈トレーダーヴィックス〉の名前のほうが有名かもしれない）が世界的に広めたものだ。ピットローストの利点は、火のコントロールが容易で調理人も招かれた友人たちも熱い火の近くにいなくてもいいということだ。この調理法が暖かい地域でさかんだったのも納得できる。

１９４９年発行の『ボーイズ・ライフ』誌にライターのジェイムズ・イングリッシュが、北米大陸に住むアメリカ人が見たルアウについての記事を書いている。彼はイムと呼ばれる穴について「カルアにする豚をゆうに丸ごと1匹入れられる大きさのイムを掘る」と書いた。現地の言葉で、イムとは地面に掘ったハワイ風オーブンとも言うべき炉穴のことで、カルアはイムの中で行なう調理法のことである。イムの中で「ココナツの殻とメスキート［マメ科の低木］の薪を燃やし」、その上に火山岩を積み重ねておく。火で岩の層が十分加熱されたら、中の焚き木を取りだす。それから「豚の脚のあいだと顎の下を切りひらき、そこにハワイアンソルトと呼ばれる岩塩を詰めてから熱しておいた岩を豚の中に入れる」。あらかじめ熱した岩を調理に使うことで、豚の中からも外からも調理することができるのだ。

ジェイムズ・イングリッシュが経験したルアウでは、イムに豚を上げ下ろしするのに西洋の現代的な技術を一部採りいれていた。脚を縛られてから「豚は、鶏舎用の金網にバナナの葉とティーリーフを重ねて作ったマットの上に置かれた」という。豚の脚を結び合わせるには、近くに自生しているティーの木の葉（ティーリーフ）のうち、幅広で丈夫なものを使う。鶏舎用の金網がなかった頃ハワイの人々は、長い棒を使ってイムへの豚の上げ下げをしていた。イングリッシュによれば、豚の下に木の葉を敷くのは「熱い岩に豚がじかに接するのを防ぐと同時に水分を与えて」肉が焦げたり乾いたりしてしまうのを防ぐためだという。十分すぎるほど熱い岩の熱を無駄にしないため、昔からハワイの料理人たちはティーリーフに包んだ他の食材も豚と一緒にイムに入れていた。この場合のティーリーフは現代の家庭料理で使うクッキングペーパーと同じく、蒸し器の代役を果たしているわけだ。

調理する食材をイムに全部入れてしまうと、黄麻布《おうまふ》の袋（それがなかった時代には追加のティーリーフ）を「熱を閉じこめ、肉に土やほこりが付くのを防ぐためにかぶせ」てから土で穴を埋めもどした。あとは隙間から煙がもれてこないか見張っているだけでいい。「ここまでやったら、あとは食事まで2、3時間待つだけだ(6)」。

アメリカ本土からハワイを訪れてルアウを経験した人たちがよく言うのは、出てくるいろいろな物を食べる道具がないということだ。ジェイムズ・イングリッシュのような人にとっては、それは嬉しいことだった。「指より使いやすい道具などめったにない。指ならうまく動かせるし、食べ物をテーブルから口まで運ぶあいだに落とすこともまずない」と彼は書いている。だがブランシュ・ハワード・ウェナーがコミカルな詩に書いたように、手で食べるのを嫌う人もいた。ウェナーの詩はこうだ。「ええっ！　このねばねばしたポイ［タロイモを焼くか蒸すかしてから粘り気がでるまですりつぶしたもの］のはいったボウルに指を入れろって？　／なぜだろう——私は完全に食欲をなくした」[7]。もちろんハワイ生まれの人にとっては、カルア・ピッグやそれと一緒に焼いたり葉に包んで蒸したりしたおいしいご馳走を食べるのに、手とティーリーフの皿を使う伝統的な方法でまったく問題ない。

中央アメリカとカリブ海地域の料理人たちは、ヨーロッパ人がその地を訪れるずっと前から彼らのバーベキュー、バルバコアでカルアによく似た方法を採っていた。コロンブスのカリブ海地域への到達から400年近くたった1887年、アメリカ人旅行作家ファニー・チェンバーズ・グーチ・アイグルハートはバルバコアを賛美する文章を書いている。メキシコに7年間住んだアイグルハートは、バルバコアは「メキシコの市場でもっともよく売れている料理のひとつ」であり「帝王の食卓にもふさわしい」と書いた。そしてこの王にふさわしい料理を作るには「現地の巧みな料理人はきれいに下処理をした羊を大きく切り分け、頭も骨も使う。地面に穴を掘り、その中で火を燃やす。そこへ平らな石をいくつも投げ入れて穴をふさぐ。穴の中が十分熱くなったら、リュウゼツランの葉を敷きつめる」。センチュリー・プラントとも呼ばれるリュウゼツランの葉は長くて丈夫だ。それから「穴に肉を入れ、リュウゼツランの葉をかぶせる。穴の口をふさいで一晩そのままにしておく」[8]。

翌朝穴の口を開けば「おいしくて熱々の羊のバーベキュー」のできあがりだ。アイグルハートによれば、この調理法にはかなり広い場所が必要なので個々の家で行なうことは少なく、市場で出来合いのバルバコアを買ってくる。その点はハワイのカルアも同じだ。屋外の広い場所で重い岩をいくつも用意し、豚を上げ下げする人手が必要なカルアは個人的なものではなく、屋外で大勢の人々にふるまうものだ。カルアやバルバコアのような調理法は、どこでどのように食べていたか、その地の食習慣においてどんな役割を果たしていたかということと密接な関係がある。カルア・ピッグは祝祭のために、バルバコアは公共の市場で売るために日常的に作られるものだった。

19世紀初頭の考古学的発見によれば、大西洋岸に住むネイティヴ・アメリカンも炉穴を使うバーベキューをしていたらしい。アメリカの民族学研究機関の依頼でポトマック地域における調査を行なったゲラルド・ファウケは「20か所以上でバーベキュー用の炉穴の跡を発見した」。穴の底には「火を燃やした跡があり」、「そのうちのひとつには多くの燃やされた石が残っていた」ことから、それらの穴がバーベキューに使われたことは明らかだった。どれも上部の直径が底部の2倍ほどある円形の穴で、中から炭、動物の骨、貝殻が発見されている。[9] ここで使われたふたつの技術的要素――炉穴と火――は今も北アメリカ大陸のバーベキューを特徴づけるものだ。ただし今では炉穴を使うのは北アメリカ南部にほぼ限られている。

北アメリカでは20世紀の中頃まで、屋外に大勢が集まって行なうバーベキューを楽しむ傾向があった。昔ながらのバーベキューは誰もが参加できるイベントとして、選挙の立候補者や地域全体が主催するものだった。1818年から1819年にかけてアメリカ各地を訪れたスコットランド人の旅行家ジョン・ダンカンは、ジョージ・ワシントンの親戚に招待され、ヴァージニア州のバーベキューに参加した体験を記録している。ワシントンの住むマウント・ヴァーノンから遠くない「小さな谷間で……黒人の男女とその子供たちが森の中で調理に忙しく働いていた」。ダンカンの記録を読むと、アメリカ南部のバーベキューの準備にどれほどの労力が必要だったかよくわかる。

南部のエリートたちは盛大なもてなしをすることで知られており、それは大勢の奴隷たちの働きがあって初めて可能だった。奴隷たちは調理と客のもてなしにおけるさまざまな技術を身につけていた。「ある者は鶏に串を刺し、ある者はパチパチ音をたてながら大きな鍋のまわりに渦を巻いて燃え上がる焚き火に薪を足し、またある者は豚や子羊や鹿の肉をヒッコリーの薪の真っ赤な燃えさしの入った四角い炉穴の上であぶっていた」とダンカンは書いている。彼によれば、もっとも重要な作業は炉穴で行なわれていた。「切り開かれた肉に2本の細く長い棒を刺しつらぬき、そのまま炉穴の入り口に吊るして、全体があぶり焼きになるまでときどき向きを変える」のだ。穴から少し離れた所には屋外用のテーブルとダンスフロアがあり、白人の客たちはそこに陣どっていた。ダンカンの観察によれば、ダンスをしない客の話題は主に地元の政治情勢だった。(10)

ダンカンが目撃したのとよく似た光景は北アフリカでも見られる。モロッコの料理人はバーベキューのふたつの要素、炉穴と串とを使い、メシュイと呼ばれる子羊の丸焼きを調理するのだ。ファーティマ・ハルは彼女の料理書で次のように説明している。

地面に大きな炉穴を掘り、穴の中で薪に火をつける。料理人は薪が燃えさしになるまで待つ。丸ごとの子羊に串を刺し、穴の口の左右に立てた2本のふたまたの支柱に串をかける。そして6時間ほどじっくりあぶる。

この正式な方法を実践するスペースがない場合は、村のパン屋のオーブンを借りてもいい、とハルは付けくわえている。(11)

ロウアー・イーストサイドの路上市で売られる薄切り肉のバーベキュー。ニューヨーク。2008年頃。

◉ラック

イギリスの探検家ジョン・ホワイトが、現在のアメリカのノースカロライナ州沿岸に鎖状に連なる島々アウターバンクスで16世紀末に描いた絵によると、その地の原住民は木製のラックを組み立て、その下で火をたいて魚のバーベキューを作っていたようだ。直接熱が当たらないよう、魚は火からかなり離してあった。ホワイトはみずから描いた水彩画（29ページ参照）に、この作業はあぶり焼き（ブロイリング）だという添え書きをしている。イギリス人である彼にとって「あぶり焼き」は親しみのある調理法だった。北アメリカ大陸にヨーロッパ人が鉄をもたらしたことで木製より耐久性のあるラックを作ることが可能になってはいたが、一定の地域内で定期的に移動する多くのネイティヴ・アメリカンの人々のライフスタイルからすれば、木製の道具のほうが実用的だったのだろう。

東アフリカでもあぶり焼きは古くから行なわれていた。今では、マサイ族の伝統料理ニャマチョマを知る人も多い。マサイは牧畜の民であり大型草食動物の肉はいつでも手に入るものだった。その点では、ヨーロッパから山羊や羊の牧畜が導入されるまでは狩りの獲物だけを焼いていた南北アメリカの原住民とは異なる。

伝統的なマサイ族のバーベキューは、その時その場所で手に入る適当な木を使って組み立てるグリル［焼き網］を使う。マサイ族の居住環境には森がなく、また彼らは半遊牧生活を送っているので、手に入る燃料は乾燥した低木の小枝だけだ。それでは大きな薪を用いた場合ほど長時間の燃焼は不可能なので、彼らは動物の肉を丸焼きにするのではなく、細かく切って焼く。燃料の焚き木を集めるのにも時間がかかるので、ニャマチョマをするのは特別な場合だけだった。現代のケニアの都市部では金属製のラックと大きな薪や炭を使うため、いつでもできる。

ブラーイの名で知られる南アフリカのバーベキューは、19世紀にオランダ人の移民がもたらしたものだ。言い伝えによればブラーイは、イギリスの植民地政策を嫌って南アフリカ沿岸部から内陸部に集団で移住したオランダ人入植者が始めたものだという。内陸に向かう山越えの道中、彼らは焚き火の上に木のラックを組み、捕えた野生動物を焼いて食べることで生きのびた。時代とともに道具は便利になり、今ではガスグリルを使う人もいる。薪を使わなければ本物のブラーイではないと主張する伝統主義者もいる。

マサイ族と同じく半遊牧生活を送るモンゴル人は、移動生活の中でも調理できる2種類のバーベキュー、ボードグとホルホグを考案した。ボードグは内臓を抜いた山羊やマーモット［リス科の哺乳類］の中に熱した石を詰めてから、火の前に置いて調理する方法である。ホルホグは金属製の盾に肉のかたまりをのせ火の上で焼いたモンゴル兵の料理を起源とする。こ

子羊肉、鶏肉、豚肉、牛肉とともに串焼きにされるダチョウとワニの肉。どれもナイロビのレストラン〈カルニヴォア（肉食動物）〉のメニュー。

の場合も内臓を抜いた動物の中に熱した石を入れる。ホルホグはやがて盾の代わりに金属製の缶を使うようになった。缶の中に熱した石と切った肉と野菜、それに水を入れて1時間ほど煮る。

一般にモンゴル風バーベキューとして知られる薄切りの肉を食卓で焼いて食べる料理は、実は台湾料理である。日本のレストランでは、この料理をモンゴルの英雄チンギス・ハンにちなんでジンギスカンと名づけ、羊と子羊の肉をモンゴル戦士のかぶとを模した鉄板で焼いたものを出している。

◉オーブン

歴史家フェリペ・フェルナンデス＝アルメストは「要するにタンドールというのは調理用に掘った炉穴を地上に出したものだ」[12]と書いている。地中にあっても地上にあっても、タンドールは昔ながらの調理法に適した形をしている。このタイプのオーブン（釜）は紀元前5000年頃のイラクの遺跡でも発見されており、社会学者マイケル・シモンズは「ずんぐりした煙突のような形をしており底で火を燃やすようになっている。薪、木炭、牛の糞《ふん》と藁《わら》を混ぜて干し固めたものなど、さまざまな燃料が使える。燃料を内部に入れるので効率がよい」[14]と描写している。

類似した仕組みのオーブンは中央アジア、中東、南アジアに広く見られる。北インドのタンドール料理が有名だが、インドにそれを伝えたのはおそらくペルシア人だ。一般にタンドール料理では肉をヨーグルトと各種スパイスを混ぜた明らかに中東風のマリネ液に漬けこんでから、鉤《かぎ》つきの串に刺してタンドールの中に吊るす。串は調理中に何度でも吊るす位置を変えることができる。ナンを焼くなら種をタンドールの内側の壁にたたきつけて張っておけば、独特のスモーキーな香りをまとってすぐに焼きあがる。１９９５年、インドのデリー市民はシル・シャーという政治家が、殺害した妻の死体を有名なレストランのタンドール釜で始末しようとしたとのニュースに仰天した。

アメリカ人も、バーベキューを作るのにオーブンを使った時期がある。バーベキューのようながさつで騒々しいイベントは中流階級のご婦人にはふさわしくないと思われていたらしく、20世紀初頭の料理書では、バーベキューとは似て非なるオーブンでローストした肉料理をバーベキューとして紹介することもあった。たとえば１９１３年刊行の『南部の伝統的料理と飲み物 *Dishes and Beverages of the Old South*』では、適当な大きさに切った子羊の肉にコショウ、パプリカパウダー、マスタード、タバスコソースをすり込み、高温に熱したオーブンの最下段でローストし、バター、酢、ピクルス、タマネギのしぼり汁を混ぜたソースを添えると書かれている。これが「地面に掘った溝で炭火を燃やして作る本当のバーベキューにできるだけ近いものを、文化的なキッチンで作る方法」[15]だと筆者は書いている。

20世紀には、一戸建ての家をもつことがブームとなると同時にアウトドア・レジャーへの関心が高まり、中流のアメリカ人は自宅でバーベキューすることを思いついた。かつては地域社会のイベントだったものが、家族や友人と楽しむ気楽な親睦の手段となったのだ。1941年発行の『グルメ』誌は自宅の裏庭にバーベキュー用の炉を作り、肉の番をしながら酒を飲んだりギターを弾いたりして楽しく一夜を過ごす方法を細かく説明している。コネチカット州を本拠とするこの雑誌の記者は読者に対し、かなりの時間と労力を費やして作った炉をおいしいバーベキューを楽しむために使うだけでは満足できないと思うなら、秋になれば落ち葉を燃やすのにもよいと説いている。[16]

1940年代には屋外にレンガとコンクリートでバーベキュー用の炉を作ることが大流行し、1950年代に入ってもその関連商品の広告が数多く見られた。そうした流行に先立ち、1936年発行の『ポピュラー・サイエンス』誌は、自分でバーベキュー用の炉を作る方法を紹介している。この炉は三方を囲むレンガの壁にちょうつがいで開け閉めできる扉をつけ、上面には火格子［燃料をのせる格子状の装置］と煙を逃がすための煙突をつけたものだ。[17]屋外に設置するバーベキュー炉に関心をもつ人が多かったため、サンセット出版は

郊外に一戸建て住宅をもつ家庭が増えた1950年代、裏庭にレンガ造りのバーベキュー炉を備えるのはファッショナブルなことだった。

1945年に「自分で作る？　それとも作ってもらう？」などと読者を悩ませるような見出しや、「レンガとモルタルで作る」などの見出しがおどる『サンセット・バーベキューブック』を出版している。[18]

そうは言っても、多くのアメリカ人には自前の炉を作るだけの金銭的余裕はなかったし、レンガ作りにせよ炉穴を掘るにせよ、それだけのスペースをバーベキュー専用に確保しておく土地もなかった。そこで登場したのが移動可能なバーベキューグリルだ。第二次大戦後、数百万もの若い家族が新たに開発された郊外の住宅地に初めて一戸建ての家をもち、自宅を家族で楽しむ場所と考えるようになった。彼らを主なターゲットとして、軽くて持ち運びに便利なバーベキューグリルの市場が急速に拡大した。

この市場にもっとも早く登場した製品のひとつが、1948年の「バービーケトル」だった。コロラドのW・B・ミリソン社の製品は下部に短い脚のついた厚みのある鋳鉄《ちゅうてつ》製の釜で内部に2枚の網——ひとつは炭をのせるため、もうひとつは食材をのせるためのもの——を備え、上部にはふたが付いていた。[19]これに類似した製品も登場し、釜の横に折りたたみ式の棚があって皿やバーベキュー用具をのせられるようにしたものなどがあった。

1952年ウェーバー・ブラザーズ・メタルワークス社が丸いふたのついたケトルグリルを発売したが、20世紀末に屋外用ガスグリルが一般化するまではずっと、このタイプがアメリカ人が裏庭で使うバーベキューグリルの定番だった。同社のウェブサイトに載っている逸話によれば、丸いふたは、当時アメリカ中の公園で使われていたふたのないグリルの性能に不満をいだいた従業員ジョージ・スティーヴンのアイディアだった。彼はグリル内で熱を循環させるため、同社がアメリカ沿岸警備隊のために製造していた球形の金属製ブイを切ってふたとして取りつけ、新型のグリルを作ったのだ。

1952年にライバルのクックントゥールズ社が発売した製品の広告は、バーベキューの歴史をたどるものだった。「この最新の木炭燃料によるあぶり焼き器（ブロイラー）は深い炉穴を掘って作ったバーベキュー、アメリカ南西部のインディアンが使ったドーム型の釜、開拓者たちが使ったダッチオーブンのすべての長所を組み合わせたものです[20]」。

ポリネシアの美食の饗宴の伝道者たるレストラン〈トレーダーヴィックス〉でさえ、ハワイのルアウをウェーバー・ブラザーズ・メタルワークス社のケトルグリルを囲んでやってもいいと認めた。彼らにとっては、ルアウを再現するのにいちばん大切なものはトロピカル・ドリンクと陽気な笑顔だったのだ[21]。

バーベキュー好きの人々の中には、わざわざウェーバー・ブラザーズ・メタルワークス社のケトルグリルを使う必要などなく、肉を焼くという高貴な目的のためにはドラム缶を用いるのがいちばんだという向きもあった。

裏庭用に作られた「リトルシェフ」ブランドの燻製器

ドラム缶で作ったバーベキューグリル。カンザスシティ。2000年。

1951年、テキサス州コーパス・クリスティに住むバーク一家についての新聞記事には、彼らが「石油のドラム缶で作ったレイのポータブル・バーベキューピットで人をもてなすのが好きだ」とある。ドラム缶が使われたのは一家の父親レイ・バークがユニオン・カリフォルニア・オイルという石油会社で働く地質学者だったからかもしれない(22)。

ノーベル文学賞を受賞した作家ジョン・スタインベックも、ドラム缶バーベキューを好んだひとりだった。1953年、ニューヨーク市にある彼の家の小さな裏庭でインタビューに応じたスタインベックは「まんなかで縦に切って滑車で開け閉めできるようになっており、そのため巨大な生物の顎《あご》のように見えるドラム缶のバーベキューグリルのほうへ、ぶらぶらと歩いて行った」そうだ。このときスタインベックにインタビューした記者は「ドラム缶をバーベキューグリルに作りかえたものを見るのは初めてだった」という。そのバーベキューグリルの中身はというと、木炭を敷いた上に「特大のスペアリブ3本とアルミフォイルに包んだ大きなジャガイモが6個入っていた(23)」。西インド諸島では、使わなくなったドラム缶を利用してスチールパン［音階のある打楽器］を作ることもあるが、ドラム缶グリルが作られた場合には、ジャマイカン・ジャークチキンを始めさまざまな食材をバーベキューにするのに重宝されている。

キューバにはカハ・チナ（中国の箱）という名前のバーベキュー料理があるが、これはオ

薪を燃やす燻製器で高さを変えて置かれた鶏肉、豚肉、トウモロコシのベーコン巻

ーブン、炉穴、ラックそれぞれの一部を合体させたものだ。(なぜ「チナ(中国)」なのかは誰も知らない。『ニューヨーク・タイムズ』紙の記者にインタビューされた人類学者シドニー・ミンツは、19世紀中頃にキューバに移住してきた15万人もの中国人労働者と関係があるかもしれないと語っている)[24]。ともあれカハ・チナは金属製の大きな箱で、料理人はその中に肉(切り開いた豚を平らなかごに入れたもの)を入れる。燃料は主に炭を使い、長方形のお盆のような凹形のふたの中に入れる。肉を周囲から熱するように熱源を置くことで調理時間が短縮でき、通常なら10時間かかるところがこの箱を使えばわずか3時間で調理が完了する。しかしこの方法だと調理の過程で肉と煙が触れることはない。そのため、この料理の熱烈なファンのひとりができあがったものを「豚のキャンディ」と呼ぶという事実はともかく、本当のバーベキューではないという議論も出てくる[25]。

裏庭のバーベキュー愛好者の作業を容易にするための便利な道具が次々にできる中で、ガスグリルを使うことの是非に関しては激しい論争が展開された。火力の調節ができるガスコンロの上に金網にのせて肉を焼く装置だ。多くの人は、ガスの火は煙を出さないからこれはバーベキューと呼ぶに値しないと感じている。しかし、市販の炭の煙も薪を燃やして作った本物の木炭の煙とは違って不快な臭いを発するから、薪だけが本物の風味を生むと考える人もいる。

こうした議論を整理し、バーベキューの本来の姿——棒、炉穴、ラック、オーブンのどれに関することにせよ——を探究するために、最初にかかげたバーベキューの定義に立ち返ることにしよう。「ゆっくりとスモークしながらあぶり焼きにする」だ。

第4章 ◉ 世界のバーベキュー

◉無限のアレンジ

肉と火のある所ならどこにでもバーベキューは存在し得る。肉をゆっくりとスモークしながらあぶり焼きにするだけでよいのだから、バーベキューはかなりの多様性を許容する調理法である。それぞれの土地の食材、味覚の好み、そこで手に入る焚き木と調理法の組み合わせによって、世界中にさまざまなバリエーションが生まれている。たとえばジャマイカでは山羊の肉にオールスパイス、タイム、トウガラシ、塩、ショウガ、ライム果汁を合わせたペーストをすり込み、オールスパイスの木などを焚き木にしてジャークゴートというスパイシーなバーベキューを作る。少し西へ向かえば、オレガノとライム果汁、塩で味つけした山羊をメスキート［メキシコ産マメ科の低木］などの薪が燃える炉穴で調理してメキシコ風のカブリートを作る。どちらの山羊もすばらしくおいしい。

バーベキューという単語と結びつけられてはいないが、バーベキューの手法と地元で手に入るものとを合体させた料理はまだまだある。ブリスケット（牛のムネ肉）のバーベキュー（アメリカ）、鮭の燻製（アメリカ）、豚の丸焼きであるレチョン（フィリピン）、バルバコア・デ・カベサ（メキシコ）、カルア・ピッグ（ポリネシア）、串焼きのササーティ（南アフリカ）、チャーシュー（中国）などなど。調理法にじゃっかんの違いはあっても、全部バーベキュー、つまりゆっくりスモークしながらローストしたものだ。

基本的なバーベキューの手順は3つのステップに分けられる。第1ステップでは肉や魚などの材料にスパイスやペーストをすり込んだり、マリネ液や塩水に漬けたりして下味をつける。下味をつけて数時間おいたら、第2ステップに進む。材料が柔らかくなるまでスモークしながらじっくりとあぶり焼き、つまりバーベキューする。焼き加減はテーブルフォークを刺して確認する。刺すと肉汁があふれ、動かせばほろりとほぐれるようになれば完成だ。第3ステップでは調理中および調理後に、なんらかのソースをかけまわしたり、ソースをしみこませた布などで表面をぬぐったり、ソースに浸したりして肉に照りをつけ、ジューシーさと風味を加える。このソースは多くの場合、甘味と酸味とスパイスの刺激を組み合わせたものだ。これら3つのうち、バーベキューに不可欠なのは第2ステップだけである。

この3ステップを理解した料理人の前には、バーベキューの無限の可能性が広がっている。第1ステップではどんなフレーバーを組み合わせることもできる。第2ステップではどんな食材とどんな燃料の木を組み合わせることも可能だ。第3ステップのソースも何でもいい。つまりバーベキューの料理人は正確な分量や温度、使う木の種類やスモークする時間などを指示する細かいレシピに縛られず、同じやり方で調理してしまえばいいのだ。手元にある食材と自分の五感と本能を使って、フレーバーも仕上がり具合も決めればいい。

フード・ジャーナリストのエリザベス・ロジンが提唱するフレーバーのプロファイルという概念を利用すると、すべてのバーベキューに共通するコアの部分と、無限に可能なバリエーションの両方を、非常に明確に説明できる。ロジンはフレーバーというものを、ある地域の料理に共通して使われ、その地域を特徴づける要素だとする。たとえば醤油、トウガラシ、ゴマ、ニンニクの組み合わせは料理を韓国風にする。ニンニク、アンチョビ、トマト、オリーブオイルならシチリアのフレーバーになる。このような組み合わせのどれかを使うことで、料理人は料理を特定の地域と結びつけることができ、その地域の文化に照らして料理を変化させることができるだろう。「習慣、伝統、親しみ、これらすべてがあるフレーバーの組み合わせに意味とプラスの価値を与える」[1]とロジンは書いている。

以下にあげる世界のバーベキューの例（おおよそひとつの大陸に2例ずつ）は、世界のバーベキューを網羅《もうら》するためではなく——地域ごと、個人ごとのバリエーションが無限に存在するため、この本1冊では量的にも内容的にもとても収めきれない——、バーベキューという料理に共通する部分とバーベキューの多様性を明らかにするためのものだ。巻末にレシピを載せたものもあるが、前述した3つのステップにしたがえばレシピどおりにする必要はない。肉に下味をつけ、燃料の木を決め、調理中は定期的に肉汁をかけまわしてフォークでほぐせる柔らかさまでローストし、最後にソースで照りをつければいいのだ。

◉アフリカ

アフリカ南部——南アフリカ共和国とその近隣のナミビア、ジンバブエ、ザンビア、ボツワナなどの国々——ではバーベキューではなくブラーイという言葉が使われている。正確なアフリカーンス語では「ブラーイフレス braaivleis」といい、ローストあるいはバーベキューした肉という意味だが、会話ではブラーイで通じる。アパルトヘイト撤廃後の南アフリカではズールー語の「シサ・ニャマ shisa nyama」（焼いた肉）も使われている。

ストーンタウンの海岸におけるバーベキュー。タンザニア、ザンジバル島。

　ブラーイは特定の料理をさす言葉というより、バーベキュー同様かなり幅の広い意味をもち、私たちのバーベキューの定義よりも広範囲の料理を示す。ブルボスなどのソーセージや魚、鶏を直火で焼いたものや、ステーキ、ケバブのたぐいもブラーイだし、骨つきあばら肉のような硬めの肉やササーティ（マトンとタマネギやアンズなどを交互に串に刺した南アフリカ風ケバブ）をスモークしながらゆっくりローストする本当の意味でのバーベキューもブラーイなのだ。

　ブラーイの燃料は木炭か薪なので、煙のよい香りが得られる。イチジクの木、ブドウのつる、各種のアカシアの木などさまざまな焚き木が使われている。世界中のどこにでも当てはまることだが、バーベキューの燃料には硬い木が適している。

　どの地域のバーベキューもそうだが、ブラーイも男の領域と見なされている。典型的な南アフリカ人の男性は屋外のブラーイの火の近くに立って男同士でビールを飲み、そのかたわらで女性たちは付けあわせのサラダ、飲み物、トウモロコシ粉でできた主食パプを用意する。この主食はアフリカ各地で広く食されているが、地域ごとに異なる名前で呼ばれている。ブラーイにスパイシーな風味を足す付けあわせとしては、ピリピリ（辛いソース）やチャカラカ（タマネギ、トマト、トウガラシ、コショウ、スパイス類にボリュームを出すため缶詰のベイクドビーンズを入れることが多い）がある。持ちよりパーティーでブラーイをすることも多く、その場合は招かれた友人たちがブラーイで焼く肉をいろいろ持ちより、ホストは飲み物（特にビール）と付けあわせを用意する。

アフリカ中部のバーベキューはクペクペと呼ばれているが、これもかなり幅の広い言葉である。牛肉を使うことが多いが鶏肉や猟獣の肉も使われる。クペクペは中央アフリカ一帯―カメルーン、ガボン、コンゴ共和国、コンゴ民主共和国――で広く食されている。クペクペという言葉はコンゴ共和国（旧フランス領コンゴ）で生まれた言葉らしく、多くのバーベキュー料理と同じく土地固有の食材や調理法と統治国の食文化が融合したものである。クペクペ（coupe-coupe）という言葉自体、フランス語で「切る」を意味するクペ（couper）を中央アフリカの言葉（フフfufu―粥、ククkuku―鶏肉）のようにくり返すことで作られた融合語の一例と言える。クペクペという言葉は、バーベキューしたあとの肉が切ってある状態をさしている。屋外の市場や路上では、アルミフォイルに包んだ少量のクペクペとサンドイッチ用に切ったフランスパンのバゲットを一緒に売っているのをよく見かける。市場で売られているのは牛肉や鶏肉が多いが、家族の食事や親族の集まりでは猟獣の肉もよく使われる。

アフリカの料理と旧統治国の影響の混合をよく示すもうひとつの例として、クペクペの味つけに使われるマギーブランドのソースがある。これは19世紀末から世界中で売られている

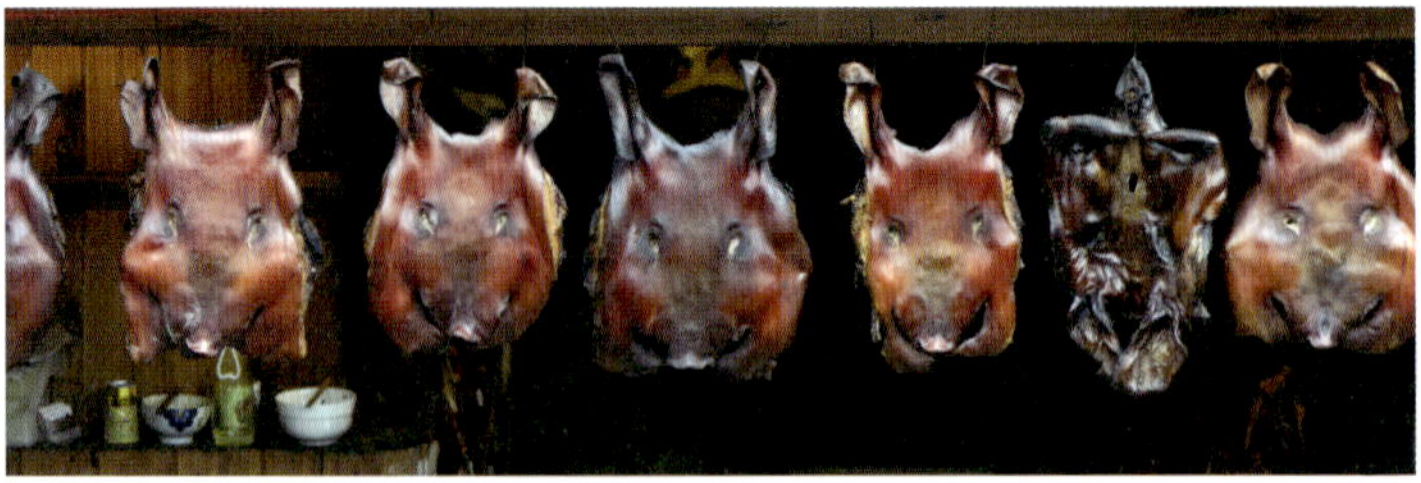

スモークした豚の頭。中国、湖南省。

スイスのネスレ社の製品だ。この本でくり返してきた3つのステップで言えば、クペクペの肉はマギーのチリパウダーなどのスパイスで下味をつけ、マリネに使った液をかけながら焼いて、パンとピリ辛のマギーソースを添えて食卓に出されるわけだ。(2)

◉東アジア

中国には広東語でシューメイ(焼味)と総称される肉のバーベキューがある。アヒルを使うシュー・ンガアプ(siu ngaap 焼鴨)、ガチョウのシュー・ンゴ(siu ngo 焼鵝)、豚のカタ肉を使うシュー・ユク(siu yuk 焼肉)のほかにも豚のあばら肉やソーセージのバーベキューもある。これらはガスや電気のオーブンで焼かれることも多いが、本来はスモークしながらゆっくりローストされて(つまりバーベキューされて)いたものだろう。中国のバーベキューがより清潔で煙の出ない調理設備を使うのと引きかえに大きく衰退してしまったことを示す最大にして最高の悲劇的な証拠は、

中国風アヒルのバーベキュー。サンフランシスコ。

現代のシューメイの特に豚肉のものに食紅が使われていることだろう。上手にスモーククローストされた肉は、まわりにスモークリングと呼ばれる赤い部分ができる。スモークを省略する現代の料理人は、かわりに食紅を使ってどぎつい赤色をつけるのだ。

しかし、現代の中国でも本物のバーベキューに出会うことはできる。料理人は大きな金属製の焼き箱（基本的にはオーブンと燻製器が合体したもの）の底にくすぶる炭を入れて、上から吊るした肉をあぶり、ときどき炭を追加する。炭とアルミニウムの箱を使うこの方法が採用される以前の方法も、仕組みは同じようなもので、木の箱と木炭を使っていた。シューメイは中国東部で生まれたものだが、現在は中国人が住む世界中の土地で人気がある。レストランで食べてもいいし、テイクアウトもできることが多い。

シューメイの中でもいちばん有名なのはチャーシューだろう。骨のついていない豚の、主に首か肩の肉を海鮮醤《ジャン》、醤油、五香粉《ウーシャンフェン》、米酢、ハチミツと……そう、食紅を混ぜた液でマリネしてから、あぶり焼く。もっと大きなあばら肉やカタ肉も、それ相応の時間をかければ同じ方法で調理できる。「チャーシューまん」の中身といえばわかる人も多いだろう。

中国人にとってバーベキューは非常に大切な文化である。創業1848年の北京のレストラン〈烤肉季（カオロウジー）〉は、名物料理であるモンゴル式の子羊のバーベキューによって国家無形文化財の称号を近年になって獲得している。

「モンゴル風バーベキュー」と称する細かく切った肉と野菜の炒めものを看板メニューにするレストランもある。とてもおいしい料理だが、3章で記したようにこれは1970年代80年代に台湾と中国のレストランがメニューに載せ始めたもので別にモンゴル風ではないし、スモークしながらゆっくりローストするのではなく、中華鍋でソテーしたり炒めたりするため、バーベキューでもない。

モンゴル料理の愛好家の中には、ホルホグこそ本物のモンゴル風バーベキューだと言う人も多い。3章で記したように、ホルホグを作るにはまず羊や山羊の肉を適当な大きさに切り、少量の水と野菜と一緒に鍋に入れる。火で十分に熱しておいたいくつかの石を鍋に入れ、し

韓国風バーベキューと言われることもあるが、プルコギは厳密に言えばバーベキューとは言えない。肉をスモークすることも放射熱を利用することもなく、金属鍋の上にじかに置いて短時間焼くだけだ。

っかりふたをして鍋の中の石の熱で肉を調理する。そして食べる前に石を取りだすのだ。注意深い読者ならもうお気づきだろう。この調理法は正しくは蒸す、あるいは煮るのであって、バーベキューに必要なふたつの要素、スモーク（石についた煙くささは別として）とローストが欠けている。

だがたしかにモンゴル料理にはボードグというバーベキューがある。その調理法はホルホグと一部共通するがかなりユニークで、鍋のかわりに料理する動物の皮を使う。山羊や子羊も使うが、いちばん有名なのはマーモットのボードグである。動物の内臓を抜き（頭を切り落としてそこから内臓を取りだしたり、あるいはおしりの方から抜いたりする）、その空洞に熱した石を詰める。このとき料理人の好みによっては、取りだした内臓の一部も入れる。それから料理人（ほとんどは男性）は、針金を使って空洞を閉じる。中の石が冷えるまでの数時間、肉は内側からの石の熱で調理されるのだ。それと同時に外側からも手を加える。動物の外側の皮を薪の火で焼いて毛を取り去ってから、パリパリになるまで焼く。これによって肉に煙の香りがつくことになる。薪の火のかわりにガスバーナーを使うことも多くなってきたが、焼けた石もバーナーも煙の香りを出さないから、その場合は本当のバーベキューとは言えない。食べるときは動物の体に、縦にナイフを入れる。そこに現れる空洞には溶けた脂肪と内臓やくず肉からでた液がたまっているから、まずそのスープを飲む。次に肉を食べるわけだが、正しく調理できていれば、肉は手で簡単にほぐすことができる。

焼肉に詳しい読者なら、ここで韓国風バーベキュー（さらには日本の焼き肉）が登場すると予想したかもしれない。たしかにプルコギやカルビは世界中のレストランで「韓国風バーベキュー」として提供されている。とてもおいしい料理ではあるが、スライスした肉をすばやくグリルするスタイルで煙の香りもほとんどつかないため、バーベキューの定義には当てはまらないのだ。

◉南アジアと中央アジア

伝統的なタンドールは粘土製の管型または卵型のオーブンで、インド亜大陸、中央アジア、それに中東地域の一部で調理に使われている。アラビア語圏ではタヌール、アルメニアではトニールと呼ばれる類似のオーブンがある。最近では、レストランに設置されるものは鋼鉄かその他の金属製で、熱源も電気やガスを使うものが増えてきた。

たいていの人はタンドール料理をバーベキューの一種と言われてもすぐには納得できないかもしれない。タンドール料理は主にレストランの厨房で調理されるため、火は見えないし、メニューにはヨーグルトにスパイスを混ぜた中でマリネした肉を串に刺して焼いたものと書

ベドウィン族のバーベキュー

高級ホテル〈オベロイのレストラン〉内にあるレストラン〈カンダハル〉にて、シェフが伝統的なタンドール釜で焼いた肉を見せている。インド、ムンバイ。

グリルにのっている山羊の頭のバーベキュー。イスラエル。

いてあるからだ。それでも、火の上でゆっくり調理するという意味ではバーベキューと呼ぶことができるだろう（とはいえ実際には直火のグリル料理に近いものが多い）。

◉北アメリカ

アメリカおよびカナダの先住民に伝わるプランキング、つまり木の板（プランク）を使うバーベキューは、あらかじめ水に浸しておいた木の板（アメリカ北西部およびカナダのブリティッシュ・コロンビア州では伝統的にイトスギが使われていたがヒマラヤスギと混同されることが多く、最近ではヒマラヤスギを使う）の上に魚を置いて作る。木の板は魚を支えるだけでなく、木

小型のグリルで薪を燃やし、チョウザメの串焼きを作っている。トルクメニスタン。

の香りを与え、加熱中に水分を与え続けることで魚が乾燥せず、食べる時には皿がわりになる。

アメリカ東岸部では、かつてシャッドというニシン科の魚の調理に、それとは少し異なるプランキングの方法を使っていた。あらかじめ熱しておいた板に魚を釘で固定し、板を垂直に立てて焚き火の周囲に突きさし、定期的にその位置をぐるぐると変えていくのだ。プランキングした鮭とシャッドはどちらも大勢の集まりでふるまわれるご馳走だったが、ヴァージニア州ではシャッドのプランキングが年に一度の政治資金集めのパーティーに使われるようになり、今もその伝統は続いている。いずれにせよ、鮭もシャッドもかなり脂がのった魚なので、脂

シュラスコは南アメリカで広く使われているバーベキューを意味する言葉。アサードと同じ意味で使われることもあるが、串に刺した肉をグリルする意味でも使われる。

がしみこんだ板を繰りかえし使うことでいっそうフレーバーが増していく。

メキシコとアメリカのテキサス州で伝統的に行なわれてきたバルバコアは炉穴を掘って行なうバーベキューの一種で、羊、山羊、豚も使うがいちばん有名なのは牛の頭を使うバルバコア・デ・カベサだろう。これは特にメキシコ北部およびメキシコからの移民が多いアメリカ南西部の牧場地帯でさかんだ。もっともこのタイプのバーベキューはメキシコおよび中央アメリカのいたる所に見られる。大まかに言えば、北のほうでは牛の頭（カベサ）と山羊（カプリト）が人気で、メキシコ中部では子羊が、ユカタン半島では豚（コチニタ・ピビル）が好まれている。バルバコアは家庭では男性が料理することが多く、土曜日の夜から裏庭で焼き始める。ゆっくりと一晩中ローストし、日曜日にトルティーヤとサルサにトウガラシ、ライム、コリアンダー、スライスオニオンなどのトッピングも添え、タコスにして食べるのだ。

バルバコアをするにはまず地面に穴を掘り、中で薪を燃やす。砂漠地帯ではマメ科の低木メスキートを使うが、香りが強いので他の硬い木も併用する。薪がほとんど燃えさしになったら、肉や牛の頭に塩、コショウと好みでトウガラシを使って味つけし、タマネギ、ニンニク、半分に切ったライムなどの香りづけの材料と一緒に黄麻布またはバナナやリュウゼツランの葉など手に入りやすいものに包み、燃えさしの上に置いて穴を埋める。そしてそのまま一晩置いておく。料理人によっては肉を蒸す効果としたたる肉汁を受けるために、炉穴の中

バーベキューの看板。テキサス州、コーパスクリスティ。1939年。

に水をはった鍋（香りづけにタマネギ、ニンニク、トウガラシを入れることもある）を置くこともある。鍋に集まった液体には濃厚なフレーバーがついているので、スープにしたり豆を煮るのに使われたりする。バルバコアはレストランでも食べられるし、祭りの場でふるまわれることもあるが、裏庭のバーベキューでも人気だ。

アメリカという国では多くのものがそうだが、バーベキューも旧世界と新世界の伝統と食材がミックスしたものと言える。南部出身の作家パット・コンロイは「南部にはバーベキューしかない」と宣言している。肉（豚と牛がメイン）は旧世界からもたらされたもの、バーベキューという調理法とトウガラシやトマトベースのソースなど味つけの中心となるものは新世界のものだ。そしてバーベキュー作りの腕前は時に信じられないほどの力をもつ。パット・コンロイの小説『潮流の王者』［真野明裕訳。早川書房］の登場人物が彼の母親のバーベキューについて「母は豚肉で魔法のようなことをいろいろやってのけ、豚の肉に対するわたしの見方を永久に変えてしまった。炉穴式のバーベキューの母の料理法を公表していたら、わたしたちが味わったような南部の暮らしの質も変わっていただろう[(3)]」と断言しているように。

バーベキューはアメリカ中で行なわれているが、「バーベキューベルト」とも呼ぶべき地域は、南部――南北カロライナ、ジョージア、テネシー、ケンタッキーの各州――から南西

アメリカのバーベキューにおける肉とソースの伝統的な組み合わせ

地域	肉	ソース
ノースカロライナ州東部	丸ごとの豚	酢ベース
ノースカロライナ州西部	豚のカタ肉	トマトベース
サウスカロライナ州	豚	マスタードベース
カンザスシティ	牛と豚（特に豚のあばら肉）	トマトと糖蜜ベース
メンフィス	牛と豚（特に豚のあばら肉）	もみ込み用乾燥スパイス、またはトマトベース
ケンタッキー州オーエンズバラ	羊（マトン）	酢ベース

部および中西部の南部――テキサス、オクラホマ、ミズーリの各州――にかけて広がっている。大まかに言って東部では豚、西部では牛が好まれ、ケンタッキーの一部には羊のバーベキューを好む飛び地もある。多くの研究者や愛好家が肉のカットのしかたやソースの味つけをもとに独自の分類をこころみているが、それぞれの見解には一致しない点もある。無数の例外やバリエーションがあることを認めたうえで、おおよその傾向をまとめたのが上の表である。

アメリカのバーベキューは古くから、祭りの場や特に南部の政治家の選挙資金集めパーティーでふるまわれるものだった。政治家は気前のいいところを見せようと「ピッグ・ピッキング」と呼ぶ豚を丸焼きにする盛大なバーベキュー・パーティーを開き、参加した有権者は丸焼きの豚から肉を好きなだけむしりとって（ピックして）皿をいっぱいにする。バーベキューは自宅に友人や親族を招いて少人数ですることもあるが、大規模なパーティーでふるまったり、レストランで手軽に食べたり、テイクアウトしたりされることのほうが多い。

アメリカのバーベキューのもうひとつの特徴は、それが単なるおいしい食べ物や、野心家の催しに出されるご馳走にとどまらない点である。アメリカには詳細なルールブックと厳正な採点基準をもつさまざまな団体の公認のバーベキュー競技会が数多くあり、バーベキューは料理であると同時に競技でもあるのだ。このことについては次章で紹介する。

◉中央アメリカと南アメリカ

この地域ではある種のバーベキューをジャークと呼ぶ。語源はおそらくジャーキーと同じで、南アメリカ一帯に見られる塩漬けの干し肉をさすスペイン語の「チャルキ（charqui）」からきているのだろう。このジャークは、過去においてはチャルキと同じく塩味の濃い乾燥した肉だったかもしれないが、現在は生の肉から作った一種のバーベキューをさしている。主に山羊か鶏のモモ肉を使うが、牛、豚、魚のジャークもある。

ジャークもバーベキュー同様かなり幅の広い言葉で、味つけ、調理法、できあがった料理のすべてに使われる。カリブ海地域の多くの場所に見られるが、今ではジャマイカの国民食として有名で「ジャマイカンジャーク」と呼ばれることも多い。バリエーションは無数にあるが、ジャークの味つけに不可欠の要素——オールスパイス、ハバネロ、タイム、ネギ、ライム果汁、ショウガその他いろいろを混ぜたマリネ用ペースト——に漬けてから、オールスパイスの木を焚き木にしてバーベキューにするのだ。

昔は掘った炉穴の中や空き地で火を焚いてジャークを作るのが普通だったが、今ではジャークといえばドラム缶で作ったバーベキューグリルがつきものだ。このグリルはドラム缶を縦にふたつに切って一方に脚をつけ、もう一方はふたにしたものである。マリネ用の調味料とソースをセットにしたものが市販されているので家庭でも作ることができるが、道路わきの売店やレストランで調理済みのジャークを買う人が多い。

南アメリカのアサードといえば、腹開きにした1頭または半頭の動物（主に牛）を杭に刺して何時間も、あるいは丸1日以上も屋外の大きな焚き火であぶって調理したもの（アサード・アル・パロ——杭に刺したアサード）だ。焼きあがった肉にはパンとサラダ、それにバリエーションはいろいろあるが基本的には酢をベースに、植物油またはオリーブオイルとニンニク、パセリ（さらにトウガラシを入れることもある）を加えたチミチュリソースを添える。

バーベキュー同様アサードという言葉も、広い意味ではソーセージやステーキ肉などを薪あるいはガスの直火で短時間グリルすることを意味する場合もある。アサードと言うとアル

パタゴニアの典型的なパリージャ（バーベキュー）レストランでのアサード。火のそばで羊をあぶり焼きしている。アルゼンチン。

ゼンチンを連想しがちだが、ウルグアイ、パラグアイ、チリ、ブラジルなど南アメリカの多くの国にある。ブラジルではシュラスコと呼ばれている。伝統的なアサードにはチョリソ、ブラッドソーセージ［血液を材料として加えたソーセージ］、子牛や子羊の胸腺、あばら肉、ステーキ肉などいろいろな食材を使うものもある。

アサードと他のバーベキューとの違いをひとつあげれば、アサードは伝統的に調理する前に肉にスパイスをすり込んだりマリネしたりして下味をつけることをせず（最初に軽く塩をしておくこともあるが）、まず焼いてから塩で味をつけることである。

◉ヨーロッパ

レチョンというのは子豚のバーベキューのことである。ミルクを意味するスペイン語「レチェ」からきた言葉で、まだ乳離れしていない子豚を使うことからこの名がついた。乳離れしていない子豚をローストする料理は世界のいたる所で見られるが、スペインが世界各地に植民地を築いたことで、本国から遠く離れた地域でもレチョンは伝統料理となっている。レチョンはスペイン語を話す多くの国々――スペイン、カリブ海諸国、中央アメリカ、南アメリカ、フィリピンなど――に見られる。だがなんと言ってもフィリピンだ。塩、コショウ、

年に一度の「豚祭り」で串を使って豚の丸焼きを作るところ。ドイツ、ヴィトリヒ。2008年頃。

ニンニク、醤油で味つけしたレチョンはフィリピンを代表する名物料理である。

伝統的なレチョンを作るには、まず豚の内臓を抜き、口から尻尾にむかって金属製の串を刺す。それを回転式のロースターよろしく木炭か薪が燃えている上であぶり焼きにするのだ。特に祭りやパーティーの場では今もこの方法で作られるが、レストランなどでは、電気やガスを使うロースト用オーブンを使う所も増えてきた。

祭りなどの特別な日に動物（主に子羊）を串に刺して薪や木炭の火で丸焼きにする行事は、東ヨーロッパでも広く行なわれている。レチョンと同じように子豚を焼くことも多い。うまく焼くためには、皮を焦がさずにパリパリに仕上げ、しかも中までふっくら火を通すことが肝要《かんよう》である。

宗教的な意味と季節的な理由で、子羊の丸焼きはギリシアを始めクロアチア、リトアニア、セルビア、ブルガリアなど東方正教会の国々で復活祭のご馳走としてよく食べられる。東ヨーロッパのイスラム教国では、宗教的理由で別の時期に食べられている。これも地域による違いはあるが、だいたいは塩、コショウと時にはオレガノやレモン果汁で下味をつけ、皮がパリパリになるまで焼く。焼きあがった肉はパンと一緒に食べるが、ラディッシュや青ネギなどパリッとした食感の春野菜を生で添えることも多い。

地中海の島キプロスでは大勢の客をもてなすときは何世紀も前から、バーベキューと回転

売り物のレチョン。プエルトリコ、リオ・ピエドラス。1942年。

旧ユーゴスラヴィア出身の男性たちが、金串を刺した豚をあぶり焼きしている。

式ロースターを組み合わせたような方法で作るスヴラという料理をふるまってきた。脚のついた飼い葉おけのようなものの中で薪を燃やし、大きく切った肉や丸ごとの鳥を串に刺して火の上に吊るし、串を手で回転させながら焼く。焼きながら肉にオリーブオイルとスパイスを塗るだけの簡素な味つけで、パンとサラダを添えて食べる。

◉オセアニアと太平洋地域

太平洋の島々では、祝祭には豚の丸焼きがつきものである。場所によって多少のバリエーションがあり、名前もさまざまだが、ハワイのカルア・ピッグがいちばん有名だろう。ハワイには多くの観光客が訪れるし、カルア・

祭りでイワシのバーベキューを作る男性。ポルトガル、リスボン。

ピッグはルアウという祝宴の中心となるイベントでもあるからだ。

前にも書いたとおり、カルア・ピッグはイムという地面に掘った炉穴をオーブンのように使って作る。豚をティーの木やバナナの葉と鶏舎用の金網を使って包み（ばらばらにならないように）、時には熱した石も一緒に包んだもの（モンゴルのボードグに似た方法）をイムに入れ、その上から木の葉と湿らせた黄麻布と土をかぶせ、イムで燃える火と熱い石の熱で蒸し焼きにするのだ。長い調理時間（通常は一晩）のあいだに細く裂かれたバナナの木から煙が出て肉を燻す。カルア・ポーク（ピッグでなく）は同じように調理する場合もあれば地上でバーベキューにすることもあるが、丸ごとの豚ではなく主にカタ肉を使う。

カルア・ピッグでは熱した石を内蔵を抜いた豚の中に詰め、木の葉で包んでから炉穴に下ろしてあぶり焼きにする。

カルア・ピッグの食べ方は、焼きあがったかたまりから肉をむしり取るというものだ。付けあわせとしてはタロイモをすりつぶしたポイやロミロミサーモン（トマトと鮭で作る塩味のサラダ）がある。ほかのバーベキューと同じくカルア・ピッグにも、圧力鍋とスモーク風味をつける液体調味料、あるいは家庭用オーブンを使うまがい物のレシピが出回っているのは残念なことである。

バーベキューがさかんというイメージのあるオーストラリアだが、さかんなのは時間をかけない直火焼きのほうである。ソーセージ、ステーキ肉、鳥肉、野菜、ハンバーグ、魚などにくわえてダチョウ、エミュー［ダチョウに似た大型の鳥］、ワニ、カンガルーの肉などオーストラリアらしい食材を焼きながら、ビールをたくさん飲むというものだ。１９８０年代にアメリカで、映画『クロコダイル・ダンディー』の主演俳優ポール・ホーガンがオーストラリアを訪れたアメリカ人観光客に「バーベキューでエビも焼きなよ」と勧めるテレビコマーシャルが放送されてからというもの、オーストラリアではバーベキューでエビを焼くというイメージができた。

一方、ニュージーランドのマオリ族には、地面に炉穴を掘って作るハンギというバーベキュー（「ハンギを下ろす」という言いまわしまである）があり、今でも行なわれている。通常は肉と野菜を木の葉や木綿の布に包むか浅い鍋に入れるかして、燃えさしが残る炉穴に入れる。肉以外で絶対に欠かせない材料はサツマイモとタマネギだ。

サツマイモといえば、マオリ族にはこんな伝説がある。ある日、テ・ハウタエワという名の非常に足の速い若者が、ハンギをするからクマラ（サツマイモ）を取ってきてほしいと母親に頼まれた。母親は近くの畑のことを言ったつもりだったが、テ・ハウタエワは遠くの別の村に向かって猛スピードで駆けだした。彼はその村の蔵にあったサツマイモを盗み、村人たちの追跡をふりきって家に帰ると、母親がちょうどよく炉穴を熱し終えたところだった、というのだ。この伝説にちなんでニュージーランド北部では、テ・ハウタエワの名前を冠したビーチを走り抜けるレースが毎年開かれている。

盗んだものにせよ市場で買ったものにせよ、包んだ食材はすべて針金のネットか金属格子の上に重ねて（肉のように調理に時間がかかるものを下にして）熱した火山岩と一緒に燃えさしの上に置く。穴の中を高温に保つために鉄の棒か鉄のかたまりを入れることもある。ほかのバーベキューと同じようにハンギも競争心を刺激するようで、２０１１年にはオークランドでハンギの国際競技会が開かれた。

第5章 ◉ バーベキュー競技会

バーベキューは世界のほとんどの地域でメニューにある食べ物であり、特別な日を象徴する食べ物だったり、パーティーや親類の集まりでふるまわれるご馳走だったりと、すでにさまざまな意味をもっている。しかし、さらなる広がりを見せている地域がある。特に第二次世界大戦後のアメリカとカナダでは、バーベキューは単なる食べ物の域を超え、関連する音楽や伝説のレストランや国際的な競技会などが誕生し、それ自体がひとつのサブカルチャーを形成していった。現在では複数のケーブルテレビ局がバーベキューに関する番組を放映し、ケーブルテレビ局のひとつラーニング・チャンネルでは『ＢＢＱピットマスターズ』という人気番組で競技バーベキューをとりあげている。こうした多くの関連番組のおかげもあるのだろうが、競技バーベキューは北アメリカを越える広がりを見せている。

◉競技バーベキュー

アメリカにおける競技バーベキューの起源については、バーベキュー発祥の地に関する議論と同様に果てしない議論がかわされてきたが、これもまた結論が出そうにない。バーベキューそのものと同じように競技バーベキューという概念も、いろいろな場所でいろいろな時代に「私のバーベキューのほうがあんたのよりうまいよ」という一言をきっかけに生まれた、ちょっとした思いつきの産物なのだろう。

現代のアメリカではバーベキュー競技会は巨大な公開イベントである。会場では観客のために軽食の屋台が出たり、音楽の生演奏やゲームやその他の娯楽が用意されていたりする。数あるバーベキュー競技会の中でも最大級のものが、メンフィスで毎年5月に開かれる「メンフィス・イン・メイ」という盛大なイベントの一環としてひらかれる、バーベキュー世界チャンピオン大会である。イベント事務局のウェブサイトによれば、毎年3000万ドル以上の収益をメンフィスにもたらすそうだ。

バーベキュー競技会自体は何十年も前から地域や郡や州の農業共進会に付随する公的なイ

ベントとして存在したし、私的なものとしてはなんらかの資金調達のために、あるいは、ただみんなで集まって何かしようという形でもっと早くから行なわれていた。(1) しかし競技バーベキューが国レベルの行事として確立されたのは、ここ30年あまりのことである。

競技バーベキューの発展には多くの個人や組織の働きがあったが、最大の貢献を成したのは1978年から世界チャンピオン大会を主催し、その後も国内のさまざまな地域ごとの競技会を認可統合してネットワークを作りあげたメンフィス・イン・メイだ。それに続くようにカンザスシティ・バーベキュー協会や全米バーベキュー協会など数多くの団体が誕生、地域内の競技会を組織化し、シーズンの終わりにはそれぞれのチャンピオンが集まって全米1位を競う大会を催すようになっていった。

各チームは別々の協会が主催する複数の競技会に参加するのが一般的である。それぞれの競技会には独自のルールがあり、使用してよい肉の種類も違えば採点基準や調理手順も異なる。主催団体は違えども賞品が現金であることは共通しており、勝者には勝者だけが参加できる次のレベルの競技会への参加資格が与えられる。賞金額はかなり高額で、1回のイベントで100万円以上になることがほとんどだ。賞金は競技会の参加費、観客の入場料、スポンサーからの協賛金でまかなわれるわけで、もはや競技会は趣味の域を超えてビジネスと化している。

バーベキューのギネス世界記録をめざしたイベント。パラグアイ、アスンシオン、2008年。

●男の楽しみ

バーベキュー競技会には女性参加者もいるが、競技バーベキュー文化には「男らしさ」というテーマが深く浸透しているため、その数は少ない。バーベキューにはいかにも男らしい物事が見事にそろっている——焚き火をすること、動物を殺して肉にすること、油脂でべとべとした金属製品を扱うこと、高価な道具にこだわること、ビールを飲みながら午後いっぱいを過ごすこと、そしてもちろん、1日の終わりに得られる脂っこい肉の山。最後の仕上げに部族間の闘争にも似た高揚感があれば、男のあらゆる楽しみの源がここにあることになる。(2)バーベキュー競技会に参加したある男性はこう語っている。

私たちの中にいる石器時代人のなごりだ。だからこそバーベキューをする男性がどんどん増えているのだと思う。いかにも男っぽいことだから。戸外で焚き火とたわむれ、料理の腕自慢をする。バーベキューなら暴力抜きで、男っぽさを思いきり発散できる。(3)

男性とバーベキューとの関係を説明しようとする人は「石器時代人」「ネアンデルタール人」「男っぽさ」などの言葉をくりかえし使う。そしてこの、先史時代のバーベキューのシンプルさには学ぶべき点が多くある。バーベキューには特別な道具は必要ないし、誰が作るかや、何で作るかなどは問題ではない。どうしても必要なのは火と肉とそのふたつのあいだの適当な距離だけ。それ以外はすべて――調味料も、熱源と食材を別々に入れる鋳鉄製オフセットスモーカーも、デジタル温度計も、ソースも、焼いているあいだ肉の面倒を見ることさえも――ただの添え物なのだ。

どこの世界でも、男性はバーベキューの味だけでなく作るプロセスも楽しむ――野外に出て、友だちとしゃべったり、ビールやもっと強い酒を飲んだり、焚き火をおこして面倒を見たり、丸ごとの動物や大きな肉のかたまりを引っぱったり、切ったり、こすったり、持ち上げたり、そしてなにより、火と肉との出会いから生まれる肉汁したたる完成品を楽しく思い描きながらじっと待つことを。正しいバーベキューは丸1日かそれ以上かかる長いプロセスだ。パンを焼くのと同じで、途中で止めて調整することはできない。始めたらそのまま続けるしかない。さらにアマチュアの料理人にとっては、この料理をする機会はあまり多くはない。シーズン中でも2〜3週間に1回がせいぜいだろう。つまりバーベキューは特別な機会に作る料理であり、作り方を学ぶには時間がかかり、マスターするには一生かかる料理なのだ。作り方の秘訣は簡単に教えてはならず、チームの仲間や親しい友人や家族だけにこっそり伝えるものだ。

アルゼンチンの自治200周年を祝うためにエッシャー・ラグビー・アンド・フットボール・クラブで開かれた大アサード大会。イギリス、ハーシャム、2010年。

このような秘伝が、競技バーベキューの不思議を解く鍵になることもある。使う肉の種類、盛りつけ方、ソースの作り方、使う燃料などについて事細かに指示するかなり厳しいガイドラインがあるのに、他の参加者との違いを出してこのシンプルな料理を上手に作るにはどうすればいいのか、という不思議である。

●バーベキューの腕前——運動能力

競技バーベキューを従来の意味でのスポーツとみなすのは難しい。腰をおろしてビールやスポーツドリンクを飲みながら、しゃべったり音楽を聞いたりしている時間が長く、肉体労働といえば、2キロ入りの氷の袋を手にして飲み物を冷やすとか、肉屋のトラックから5キロほどある豚カタ肉のかたまりを6つ運ぶとか、火を勢いよく燃やすためにからだを変な角度に傾けるとか、まあそんなところだ。しかし、競技バーベキューとは基本的に座ってやるもの、脂肪分の多い肉を消費するもの、怪我よりは動脈疾患による心臓発作を招くもの、要するに何もしないよりはましなもの、と決めつけるのも愚かなことだろう。むしろ競技バーベキューの出来ばえには多くの点で体力や運動能力が物を言うのだ。実際に参加してみないと実感できないかもしれないが、丸2日のあいだ日ざしと煙と熱気の中でからだを動かし続けるのだ。交代制のシフトを組む余裕のない少人数のチームの場合は、夜じゅう1時間ごとに起きては火と肉の具合を見ることになる。経験の乏しい人にとっては肉体的にかなりきつい。

競技会を見渡してみれば、スポーツらしい点はたくさん見つかる。多くのチームはユニフォームを着用している。2日間の調理中に着る「練習用」Tシャツと、採点時および表彰式で着る「試合用」ゴルフシャツの2着を用意しているチームもある。シャツに「ピットクルー」という文字を入れるチームも多い。バーベキューのピットで作業するメンバーだという目印と、自動車レースのピットクルーをかけているのだ。中にはなかなか商売上手で、同じデザインで「ピットクルー」の文字だけ抜いたTシャツを作ってファンや観客に売るチームもずいぶんある。

組織化されたスポーツと同様、バーベキューの競技会も派手で観客を集めやすい場所で開かれる。野外料理の競技会ということを考慮すれば当然、野原や建物に隣接した駐車場ということになり、できれば水、電気、トイレが使用でき、競技参加者が雨風や日ざしをしのげる場所があることが望ましい。競技会の目的はさまざまで、観光客を呼びこむためのイベントや中心街活性化のための活動、小さな町の商店会が主催するもの、地域の消防署や各種非営利団体の基金集めのために開かれる競技会もある。

通常は競技会で調理した料理を観客に試食させることはない。保健所の指導で試食が禁止されている場合もあるからだ。とはいえ競技会は観客を集めて開かれるが、残念なことに、ほとんどの時間は見るべきものがあまりない。競技は36時間かそれ以上も続くが、実際に食材を扱う時間は2~3時間ですむ。残りの時間はふたのついた調理器の中で肉がゆっくり調理される時間なのだ。だから観客にとってのバーベキュー競技会とは、屋台で売っているバーベキューその他の料理を食べ、音楽の生演奏を楽しみ、もしあればビアガーデンでビールを飲み、表彰式を見物し、ちょっとだけ参加チームの調理を見るものなのだ。チームのほうも大した見せ場がないことはわかっており、許可を得て自家製のソースや肉にすり込むための調味料やちょっとした記念品を販売したり、他のチームより目立つために自分たちの持ち場を飾りたてたりする。

競技会に観客が存在することで、各チームのモチベーションが、純粋にレクリエーションを楽しみながらよい成績をねらうという目的から、観客受けをねらうという方向にかなり変わってきた。面白いチーム名をつけたり、「豚」を意味するいろいろな単語を使っただじゃれを看板に書いたり、トロフィーやしゃれた小物や記念品を用意して自分たちのところに観客を呼びこもうとするチームが増えたのだ。その結果、あまり準備に時間をかけられない少人数のチームは、実質本位の地味な飾りつけのままなので、どうしても観客の足が遠のくことになる。
観客は競技会で調理されたものを試食できないが、当然ながら審査員は試食しなければならない。そこで審査員になるという新しい趣味が生まれた。2007年に『ニューヨーク・タイムズ』紙が報じたところによると、バーベキュー競技会が増加したことでより多くの審査員が必要となり、その結果、経験を積んだ審査員は批評眼、鑑識眼を育てる講習に招かれる機会が増えたということだ。審査員をめざす人は競技会のルールを学び、行動規範に従うと誓い、多くのバーベキューを試食する。審査員に認定されても「審査員には報酬は支払われない。しかし試食するスモーク肉――1回の競技会で1キロ近くになる――はかなりの報酬と言えるだろう」(4)。
社会学者でエッセイストのジョン・シェルトン・リードは「バーベキュー世界チャンピオン大会」で審査員を務めた経験を次のように記している。審査員を務めるのが初めてだった彼は熱心に講師の説明を聞いていたが
講師はまず基本的なこと（「豚を食べない習慣があるなら初めに言ってほしい」）から始め、次に行動について（「審査が終わるまで飲酒は控えること」）、そして倫理的なこと（「あるチームの中に元妻のボーイフレンドがいたら、審査員を辞退すると申し出なければ

たくさんの子羊を焼くイベント。中国。

ばならない」）について説明した(5)。

リードが審査したのは世界でもっとも有名なメンフィスの大会だったが、バーベキュー競技会はアメリカだけでなく世界中で何千も開催されている。たとえばアイルランドの町リムリックでは毎年恒例の「リバーフェスト」の一環としてバーベキュー世界大会が開かれ、50か国以上から参加者がやってくる。カナダのブリティッシュ・コロンビア州リッチモンドでは、毎年「チリとバーベキューのカナディアン・フェスティバル」が開かれている。プエルトリコのサンファンでは2010年にバーベキューとレチョン・アサードの競技会が、2006年にはアルゼンチンのブエノスアイレスでアサード競技会が開かれて5000人もの観客を集めた。南アフリカではブラーイ競技会がたびたび開かれるが、イギリスでもホームシックになった南アフリカ出身者を励ますためのブラーイ競技会が開かれる。

2007年にはバーベキューが別ジャンルの料理大会にも進出した。その年、フランスのオートキュイジーヌ［フランスの伝統的な高級料理］の巨匠ポール・ボキューズの名を冠した世界的な料理コンテスト「ボキューズ・ドール」で3位を獲得したフランスチームのメニューには、フォアグラのバーベキューが含まれていたのである。

◉ショーマンシップ

ナイト・ヘルプ？　ローヴァーズ・ハインドレッグ・イースト？　パン・ハンドル・スモーカーズ？　スモーキン・ジョーキン？　アーント・ジーンズ・バーベキュー？　バーベキュー・カントリー？　ファゲッダバウティット？　マッドマックス？　ファイアー・スターターズ？　スモーク・インカウンターズ・オブ・ザ・サードド・スワイン？　リブズ・バイ・アンディ？　スミッティーズ・バー・BQ？　JDC'sスーン・トゥービー・フェイマス・ショットガン・ハウス・リブ・ラブ？　ローランド・ポーカーズ？

これは、あるバーベキュー競技会における参加チームの点呼風景だ。ここにも競技バーベキュー界の底流にある相反するふたつの面が見てとれる。ひとつは明るさ。チーム名を見ればわかるように参加者は自分たちを進んで冗談の種にしつつ、競技バーベキューにおけるスポーツマンシップに高い価値を認めている。だが同時に、各チームとも競技会に大変な時間とお金とエネルギーを注ぎこんでおり、賞金と名声と全国大会への進出を望んでいるのだ。

この二面性をよく示すエピソードがある。シーズン後半に開かれた参加者説明会のしめくくりに、主催者がこんなことを言った。「初めて参加する皆さん、ここには今までに何回もこの競技会に参加してきたチームのメンバーがたくさんいますから、もしなにかわからないことがあったら、その人たちにきいてください。初めてのチームを助けようとしないチームはここにはいません。ただし、頼んでもいないのに聞かされた調理上のアドバイスは絶対に真に受けてはいけませんよ」。そのとき、説明会場の後ろのほうから参加者のひとりが大声で言った。「あのさ、今年の審査員はまっ黒に焦げたやつが好きらしいよ」。

競技会参加各チームは真剣に勝利をめざすべきだが、同時にバーベキュー普及のために来場者を満足させなければならない、という二面性もある。賞金を用意するには入場料を払う観客が必要だし、会場の使用許可や道路の一時通行止めなどの便宜をはかってもらうにも地域の人々の協力が不可欠だ。スポンサー企業はより多くの注目を集める派手さを特に重視する。どのチームも、本当は人を楽しませるためではなく競い合うために参加しているのだが。

◉綿密な計画とアイディア商品

競技バーベキューのチームには緻密な計画を立て、それを実行する力が求められる。時には自分の町から何百キロも離れた土地におもむき、準備に何時間どころか何日もかかるような食材使用申請書に記入する時間が10分しかないとか、必要なものを買いに行くにも近くに店がない、というような条件下で作業を強いられることもある。競争相手でありながら参加者同士が助け合う光景がひんぱんに見られるのはそのためでもある。誰だって何かを忘れることはある。だからペーパータオル、ビニール袋、ごみ袋、ブラシ、ナイフ、皿などが各チームのあいだを感謝の言葉とともに行きかうことになるのだ。

チェックリストとポストイットとタイマーで予定通り仕事を進めようとするチームもあるが、もっと現代的な方法を使うチームもある。あるチームでは担当者が競技会の前の週のうちに、表計算ソフトで作ったファイルをメンバー全員にメールする。このファイルに入っているのはプロジェクトや工事の工程管理に使われるガントチャートという図表で、競技会の開始から終了まで、時系列にそって誰がいつ何をするかが図示されている。たとえばある人の欄を見れば「3時―クッカー点火。5時―カタ肉開始。8時―カタ肉回転。5時―カタ肉フォイル包み」という具合になっているわけだ。このチャートによってメンバーひとりひとりが誰と同じシフトで作業するか、自分は何をしなければならないか、別のシフトでは誰が何をするか、などを事前に知ることができる。ファイルの別のページには誰が何の道具を持っていくかが記され、また別のページには正確な縮尺で書かれた調理器具などの配置図がある。このファイルのマスターコピーはレシピ、器具の説明書、写真、現地までの地図、駐車場情報、ホテルの予約番号、その他思いつく限りの情報と一緒に分厚いファイルに収められている。それでも、競技会でのミスが完全に排除されるわけではないのだ。

各チームが事前準備と同じくらい重視しているのが便利なアイディア商品の利用で、競技バーベキューの世界では一種のアイディア商品信仰のようなものが広がっている。競技の結果に直結する調理中の肉の管理をすることも、センサーにたよるチームがあるのだ。あるチームは、どこにいても誰かが肉に肉汁とバターを回しかける時間だと気づくように、パトカー用のライトにタイマーを連動させて45分ごとに点滅するようにした。別のチームが採用した離れた場所にも無線で肉の温度データを送信するデジタル式温度計は、クッカーや肉の温度が上がりすぎたり下がりすぎたりするとアラームが鳴るようになっている。ある競技者は「こんな便利なものがあれば、ホテルでひと眠りして肉が焼けたら起こしてもらえばいい」と言ったものだ。

たしかに、バーベキューはレジャーなのだから、その作業を減らすために複雑なテクノロジーを使うのは馬鹿らしいような気がする。どのチームも、立ったり座ったり、しゃべったり飲んだり、温度計をチェックしたりするのに何時間も費やす。とはいえ、温度計をチェックする必要がなくなったとしても、きっとそれ以外の何かをしようとするだろう。もし何から何まで便利にしてしまうのなら、ある参加者が冗談で言ったように「出来合いのバーベキューを買ってそれを審査員に出せばいい、そうすれば時間も金も労力も節約できる」ということになる。はるか昔、狩りでしとめたばかりの獲物の肉を保存する実用的な手段として生まれたバーベキューは、じっくり時間をかけてスモークされ柔らかくなって、儀式と腕自慢とユーモアが織りなすユニークな体験へと進化したのである。

第6章◉ソースと付けあわせ

私たちふたりの筆者はともに、シェフのジェイソン・シーハンが著書『私が信じること *This I Believe*』に記した「バーベキューが多すぎて食べきれないなんてことはあり得ないと私は信じている――いや、私は知っている」という言葉に大いに共感している。しかしバーベキューならいくらでも食べられるといっても、バーベキューだけで十分だということにはならない。厳密に言えばバーベキューという言葉はある特定の肉料理だけを意味するのだが、世界中の大多数の人間にとっては、ソースと付けあわせという付属品がなければ完全なバーベキューとはいえないだろう。シーハンも言っている。「いいブルースにリズムが必要なように、いいバーベキューには付けあわせが必要なのだ」。ソースの作り方もそうだが、付けあわせも地域や文化によってさまざまである。本章では、ここまでバーベキューについて探究してきたしめくくりとして、もう少し視野を広げ、皿のすみずみまで目を向けてみよう。

◉ソース

北アメリカ大陸の伝統的なバーベキューには、それぞれの支持者にとってこれだけはどうしても譲れないという、3つの正しいソースのベースがある。そのベースとは、トマト、酢、マスタードだ。

もっとも多くの支持を集め、どのスーパーマーケットでも瓶詰めで売っているのはカンザスシティ風のものだ。濃度のあるトマトベースの甘いソースを酢の酸味で引きしめ、何種類かのスパイスとトウガラシがピリッとした刺激を与えている。カンザスシティのほとんどの有名レストランでは、主役のスモークした肉より目立つことのないよう、プラスチック容器に入れたこのソースがひっそりとテーブルに置いてある。

テキサス州もトマトベースのソースを使うが、カンザスシティのものよりさらっとしていて、もっと酸味が効いている。このソースは調理中に肉にはけ（モップ）で塗られるので、モップソースと呼ばれている。できあがった肉の上に少量をかけて出されることもある。メキシコに近づくほど、クミンやトウガラシなどメキシコらしいスパイスがモップソースに加えられる傾向がある。大恐慌時代のニューディール政策の一環である連邦作家計画［芸術分野に関わる人に仕事を与え救済したプログラム］の支援を受けたある作家が、こんなことを書いている。

このソースはかつてスペインのカトリック宣教師が建てた崩れかけた伝道所と同じく、アメリカ南西部に残されたスペインの遺産だ。リオ・グランデ川沿いにはトマトとトウガラシの混ざった深紅色の一帯がある。このソースはあまりにも辛くて濃いので、テーブルにほんの1滴こぼしただけでも、ふきとったあとに焦げ跡が残りそうだ。[1]

酢ベースのソースはノースカロライナ州で圧倒的な勢力を誇り、できあがって食卓に出す時に添えるというより、スモークしながら肉にかけるのに使われている。

マスタードベースのソースはサウスカロライナ州中部と東部の名物だが、肉をあまりにも鮮やかな黄色に染めてしまうので、慣れていない者は手を出すのをためらうこともある。ビールを混ぜることもあるこのソースは、18世紀にサウスカロライナ州に植民したドイツ人のコミュニティから生まれたものだ。

ノースカロライナ州でも、サウスカロライナ州でも、焼きあがったバーベキューをかたまりのままでなく、細く裂き（プルドポークにして）、丸いバンズ［ハンバーガーに使われるパン］にはさんで食べることが多い。この食べ方はカンザスシティやテキサス州の多くの地域でもみられる。

アメリカ人のほとんどは（一部のマスタードベースソース愛好者は別として）多かれ少なかれ、トマトか酢を使ったソースでバーベキューを食べているが、注目すべき例外がある。アラバマ州のソースは、マヨネーズをベースに酢かレモン汁をたっぷり加えたものなのだ。このソースに驚くアメリカ人も多いが、じつは世界最古のバーベキューソースのひとつ、ヨーグルトを使うマリネソースと似たところがある。タンドール釜で焼く前に肉を漬けこんで下味をつけるソースだ。ヨーグルトとスパイス類を混ぜ、多くの場合それにレモン汁を加えている。スモークした肉にジューシーさとさわやかな酸味を与えることで、数千年も前から何百万人もの人々を満足させてきた。

東アジアのバーベキューには、ある意味テキサスのモップソースに似たソースがある。中国の叉焼（チャーシュー）は調理前に海鮮醤を酢と紹興酒で薄めた液に漬けて下味をつける。海鮮醤は発酵させた黒豆のソースをベースにハチミツ、ブラウンシュガー、酢とスパイス類を混ぜたものだ。基本的にチャーシューはソースなしで食卓に出てくるが、これを小さく切って丸いパンのようものに包んだチャーシューまん（カロライナのプルドポークサンドに近いかもしれない）にするときは、漬け汁を煮つめたソースがからめてある。

日本料理でも、食材にからめて照りをつける照り焼きソースがある。醬油に甘味と日本酒を加えたこのソース（タレ）を肉や魚を焼く前に軽く塗って塩味と甘味をつけておくのだ。これは焼き上がりをそのまま食卓に出すこともあるが、煮つめたソース（タレ）を添えることもある。

南アメリカのアサードは肉を焼く前には基本的に塩をすりこむだけで特にマリネ液で下味をつけることはなく、はけでソースを塗ることもないが、出来あがりに鮮やかな緑色のチミチュリソースを添える。これはハーブ類（パセリ、バジル、コリアンダーなど）を細かくきざんで酢、ニンニク、トウガラシと混ぜたものである。このソースを肉にたっぷりかけて食卓に出せば、緑色のハーブ類独特の強烈な香りとトウガラシのピリッとした刺激が、スモークされた肉の風味とのコントラストを生み出す。

チミチュリソースと似た成り立ちなのが、アフリカの大西洋岸に見られるピリピリソースである。どちらもスペインかポルトガルの植民地（一方はアメリカ大陸、他方はアフリカ大陸における）で生まれたものだ。ピリピリソースも細かくきざんだハーブ類とニンニク、トウガラシ、油を混ぜ、酢のかわりにレモン汁を加えたものだが、チミチュリソースと比較するとハーブの風味よりピリッとした辛みが前面に出てくる。チミチュリソースは緑色だが、ピリピリソースはオレンジ色が基本だ。ピリピリソースを特徴づけるとびきり辛いトウガラシはバーズアイ・チリという。これは南アメリカに植民地を設けたポルトガルの商人たちによってアフリカに持ちこまれ、自生するようになったものだ。

ピリピリソースはポルトガルの植民地だったアンゴラやモザンビークで主に見られるが、コンゴとその周辺の中央アフリカの国々では、4章で述べたとおりネスレ社のマギーソースが幅をきかせている。19世紀後半にスイスで発明され、スープの素としてヨーロッパで広く使われてきたマギースープが、コンゴではバーベキューの下味用のマリネ液に使われ、クペクペと呼ばれるスモーク肉にうま味に富んだ風味を加えている。

◉付けあわせ

バーベキューの花形といえば肉だ。とはいっても、肉をまったく使っていない料理の数々がバーベキューとともにテーブルを飾るのが普通である。クペクペにつきもののパリッとしたフランスパンのようにいたってシンプルなものもあるが、もう少し手のこんだものもある。

テキサスのバーベキューでは昔から、豆、コールスロー、ポテトサラダが付けあわせの「三種の神器」だ。(2) 豆はインゲン豆のベイクドビーンズ［煮豆に近い］だが、ニューイングランドの伝統的なベイクドビーンズとは違い、バーベキューの肉の切れ端の硬いところも入れてバーベキューソースで味をつけたものだ。このバーベキューソースは手作りすることもあるし、市販品を使うこともある。コールスローとポテトサラダには無数のバリエーションがあるが、マヨネーズベースのクリーミーなドレッシングを使うことが多い。一般に付けあわせには塩味がついているが、サウスカロライナ出身のある作家の妻は、夫の出身地のバーベキューの付けあわせはバナナプディングだと断言した。

南部ではコーンブレッド［トウモロコシの粉を使って焼いたパン］（甘味の強いものからあまり甘くないものまでいろいろある）もバーベキューの友として広く認められているが、カンザスシティでは柔らかくて白いパンが主流である。ノースカロライナ、サウスカロライナ両州では、皮の硬いロールパンのカイザーロールに細く裂いたバーベキューの肉をはさむサンドイッチも人気がある。

バーベキューの歴史に詳しいある研究者によると、１９３０年代のカンザス州では子牛をバーベキューにして残った部分――心臓、肝臓、腎臓、腸など――を、刻んだジャガイモ、トマト、トウガラシと一緒に煮こんでシチューを作っていたということだ。最後にコーンミール［トウモロコシを粉にしたもの］を加えてとろみをつけるこの料理を「くそ野郎（Son of a Bitch）シチュー」と呼んだり「検察官シチュー」と呼んだりする地域もあったらしい。(3)

南アフリカのブラーイ好きの人々も、スモークした肉にはアメリカのバーベキューと同じように、煮こんだ豆とポテトサラダがいちばん合うと思っている。人気のある付けあわせのサウスブインキスは、シュガービーン（トラマメ）と呼ばれる白インゲン豆の一種を煮て砂糖と酢で味つけしたもので、温かいまま食べたり冷たいサラダとして食べたりする。

南アフリカのポテトサラダは刻んだタマネギとマヨネーズが入っている。ジャガイモをブラーイと一緒に焼いたものを好む人もいる。焼いたジャガイモをスライスしてクリーミーなソースをかけて肉とともに食するのだ。ブラーイにつきものの名物料理といえばルスタークもある。これはパン生地をそのまま金網にのせて焼いた硬いパンだ。ブラーイをするとき3本脚のついた大きな鋳鉄製の鍋ポイキを見かけることも多いが、この鍋はアフリカーナーと呼ばれるオランダ系白人の植民時代に持ちこまれたものである。このポイキで作るシチューをポイキコスといい、くすぶる炭火の上でゆっくり時間をかけて野菜などを煮こむ。

カリブ海諸国で大きく切った豚肉のバーベキューを売るレチョナスと呼ばれる店には、煮たり炒めたりしてさまざまに調理した米、とりどりの根菜類、ピクルスなどのサイドメニューが並んでいる。特にクリスマス前後にはプエルトリコ生まれの甘くない小型のパイ、パステレスが人気だ。調理用バナナをつぶしたところに、シーフード、野菜、肉などを混ぜて皿

バーベキューと一緒に焼く南アフリカのパン、ルスターケーキ

に高く盛りあげるプエルトリコ料理モフォンゴを、さまざまにアレンジしたものもレチョナスでよく見かける。

南アメリカのアサードには付けあわせがないことが多く、あってもせいぜいフレンチドレッシングをかけたシンプルな生野菜サラダぐらいだ。アルゼンチンとチリではそれに地元産の赤ワインを添える。

南アジアのタンドール釜で調理した肉には、ペースト状にしたスパイスと野菜を使うシチューやカレーを添える。食卓にはタンドールで焼いたものも含めいろいろなパンがあって、その上に肉をのせて食べるだけでなく、ソースとピリッとしたチャツネ［果物、野菜、ハーブ、砂糖などを混ぜあわせるソース」を浸して食べることもできる。バーベキューが特別なイベントだったり専門業者が作って提供したりするものではなく日常的な食事である南アジアのような場所では、特別な付けあわせ用の料理というものもない。一方で、中国の豚のバーベキューの場合は、外食かテイクアウトする特別な料理という位置づけになっている。一般の家庭にはスモーク装置をおくスペースがないためだ。だから家で食べるにしてもレストランで食べるにしても、それぞれの好みに合わせたいろいろな料理を取りあわせる。

多様な付けあわせ料理がある地域ではベジタリアンもバーベキューに参加することができ、全世界のバーベキューに共通する連帯感という隠し味を共に楽しむことができる。アメリカの作家ゾラ・ニール・ハーストンがかつてこう望んだように。「現世で会う機会がない人たち、二度と会う機会のない人たちがみんな、バーベキュー・パーティーで出会う日が来る」(4)[『ハーストン自伝　路上の砂塵』常田景子訳。新宿書房]。

謝辞

私たちふたりの著者は、本書出版の機会を与えてくださったアンドルー・スミス氏にお礼を申し上げる。私たちの家族、とくに執筆に没頭する私たちにいつも寄りそっていてくれたモリー・ドイッチュとプレストン・ジョンソンに感謝する。そして最高の味を追求し続け、肉と煙とを組み合わせるにいたったすべての人たちの心意気に感謝をささげたいと思う。

訳者あとがき

本書『バーベキューの歴史 *Barbecue : A Global History*』は、イギリスの Reaktion Books が刊行する The Edible Series の一冊である。このシリーズは2010年に、料理とワインに関する良書を選定するアンドレ・シモン賞の特別賞を受賞している。

本書のテーマであるバーベキューは、今や日本でもアウトドア・レジャーの定番と言っても過言ではない。しかし、キャンプ場や河原や家の庭で私たちが楽しんできたバーベキューの中には、本書の定義から見ればまったくの別物と言わざるを得ないものもあるようだ。

本書の定義によれば、バーベキューとは「煙で燻しながら、ゆっくりと、あぶり焼きにすること」なのだそうだ。薄切りの肉をさっと焼くのもおいしいが、バーベキューとは呼ばない。大きな肉のかたまりを木炭などで熱した空気（煙）で加熱調理するのがバーベキューなのだ。正しいバーベキューには煙の香りが不可欠だが、煙の出ないガスや電気を使うなら燻製用のウッドチップなどで香りづけをすれば、本書の定義ではぎりぎり許容される。そして、じっくり時間をかけてあぶり焼きにする。アメリカなどで開かれるバーベキュー競技会は最低でも2日がかりだという。

歴史的に見れば、狩りでしとめた動物の肉を焚き火であぶるというのは、人類最古の調理法のひとつに違いない。旧石器時代末のネアンデルタール人が肉を焼いた痕跡も発見されているのだ。人類は長い歴史の中で、直火で焼いて焦げた肉よりも、火からある程度離して時間をかけて燻した肉のほうがやわらかく、煙のフレーバーがついておいしくなり、日持ちするという経験を重ね、その経験を世代をこえて伝えてきたのである。もちろん、海や川の近くでは魚を煙で燻した。

バーベキューの名で呼ばれていなくても、同じような調理法を用いた料理は世界中にある。たとえばジャマイカにはジャークゴート、メキシコにはカブリートやバルバコア・デ・カベサ、フィリピンにはレチョン、ポリネシアにはカルア・ピッグ、南アフリカにはブラーイ、中国にはチャーシュー、モンゴルにはボードグがある。インドを始め南および中央アジアでタンドール釜を使って調理する料理もバーベキューの一種と言える。アルゼンチンをはじめ南アメリカの多くの国で見られるアサードもそうだ。ニュージーランドにはマオリ族の伝統料理ハンギがある。いずれにしても、それぞれの土地で手に入る食材を、それぞれの土地で手に入る木などを燃やして、身近にある木の枝や葉や石を使いつつじっくり調理してきたものだ。

本書の第5章で紹介されているアメリカのバーベキュー競技会もじつに興味深い。スケールはさまざまだが（地元の農業共進会レベルのものもあるが、何百ものチームが参加する巨大イベントもある）、参加者の意気込みの熱さや観衆の盛り上がりは大変なものである。

本書を読み進むうちに、本物のバーベキュー――スモーキーな香りをまとい、フォークや箸で触れればほろりとくずれるほどにやわらかい大きな肉のかたまりを食べてみたい、という気持ちがわいてくる人もいるに違いない。現代の日本で炉穴を掘るのは難しいとしても、市販のバーベキューグリルと本物の木炭を手に入れることは可能だ。朝のうちに仕込んだ肉がゆっくり燻されて焼きあがるのを、飲み物を片手に木陰で待ちながら談笑する……などという休日は素敵だろう。それも難しいなら、本書の著者たちも気に入っているらしい市販のチャーシューまんを買ってくるという手軽な方法もある。

最後になったが、本書の出版にあたっては多くの方々にお世話になった。とくに、翻訳にさいし適切な助言をくださった原書房編集部の善元温子さん、オフィス・スズキの鈴木由紀子さんに心からお礼申し上げる。

２０１８年６月

伊藤はるみ

写真ならびに図版への謝辞

図版の提供と掲載を許可してくださった以下の方々にお礼を申し上げる。一部作品の所在地も以下に記す。

Photo AG/Keystone USA/Rex Features: p.125; photo andreveen/iStock International: p.157; photo Facundo Arrizabalaga/Rex Features: p.138; British Museum, London (photos ⓒ The Trustees of the British Museum): pp.23, 25, 26, 29, 40-41, 64, 72; photo Chameleons Eye/Rex Features: p. 110; photo CSU Archives/Everett Collestion/Rex Features: p. 51; Egyptian Museum, Turin: p. 24; Photos Everett Collection/Rex Features: pp. 43, 88; photo Patrick Frilet/Rex Features: p. 127; photoJoe_Potato/iStock International: p. 105; photo Jorisvo/BigStockPhoto: p. 121; Library of Congress, Washington, DC: pp. 45, 48, 53, 57, 116; photo Mike Longhurst/Rex Features: p. 101; photo ⓒ W. Robert Moore/National Geographic Society/Corbis: p. 129; National Museum, Brussels: p. 66; photo ⓒ Abraham Nowitz/Corbis: p.111; photo Oddjob: p. 94; photo Dave Penman/Rex Features: p.84; photo Sanjuro/BigStockPhoto: p. 69; photo Etian Simanor / Robert Harding/Rex Features: p. 112; photos Sipa Press/Rex Features: pp. 134-135, 143; photo ⓒ Keren Su/Corbis: p. 104; photo Werner Forman Archive/ Egyptian Museum, Turin: p.24.

Warnes, Andrew, *Savage Barbecue* (Athens, GA, 2008)

◉バーベキュー料理の本

Garner, B., *North Carolina Barbecue: Flavored by Time* (Winston-Salem, NC, 1996)
Gibbon, E., *The Congo Cookbook: African Recipes* (Lulu, 2008)
Hal, Fatema, *Authentic Recipes from Morocco* (Singapore, 2007)
Jamison, C. A., and B. Jamison, *Sublime Smoke: Bold New Flavors Inspired by the Old Art of Barbecue* (Boston, MA, 1996)
Raichlin, Steven, *Planet Barbecue* (New York, 2010)
Snider, R.,*Secrets of Caveman Cooking for the Modern Caveman: Recipes for Grills and Smokers* (Phoenix, AZ, 2001)
Voltz, J., *Barbecued Ribs, Smoked Butts and Other Great Feeds* (New York, 1990)

参考文献

Adams, C., *The Sexual Politics of Meat: A Feminist- Vegetarian Critical Theory* (New York, 1990)［キャロル・J・アダムズ『肉食という性の政治学　フェミニズム－ベジタリアニズム批評』鶴田静訳，新宿書房，1994年］

Algren, Nelson, *America Eats* (Iowa City, IA, 1992)

Bass, S.J.,"'How'Bout a Hand for the Hog": The Enduring Nature of Swine as a Cultural Symbol of the South', *Southern Culture*, 1/3 (1995)

Browne, R., *Barbecue America: A Pilgrimage in Search of America's Best Barbecue* (Alexandria, VA, 1999)

Egerton, J., *Southern Food: At Home, on the Road, in History* (New York, 1987)

Elie, L. E., *Smokestack Lightning: Adventures in the Heart of Barbecue Country* (New York, 1996)

——, 'The Tao of Barbecue', *Forbes* (Summer 1997), pp. 125-7

Engelhardt, Elizabeth S. D., *Republic of Barbecue: Storie Beyond the Brisket* (Austin, TX, 2009)

Fernándz-Armesto, Felipe, *Near a Thousand Tables* (New York, 2002)［フェリペ・フェルナンデス＝アルメスト『食べる人類誌　火の発見からファーストフードの蔓延まで』小田切勝子訳，早川書房，2003年］

Hirsch, G., *Gather' Round the Gril: A Year of Celebration* (New York, 1995)

Huntley, Dan, and Lasa Grace Lednicer, *Extreme Barbecue* (San Francisco, CA, 2007)

Limon, J., 'Carne, Carnales, and the Carnivalesque', in *Dancing with the Devil: Society and Cultural Poetics in Mexican-American South Texas* (Madison, WI, 1998), pp.123-40

Linc, E. S., and J. G. Roach, *Eats: A Folk History of Texas Foods* (Fort Worth, TX, 1989)

Moss, Robert, *Barbecue: An American Institution* (Birmingham, AL, 2010)

Reed, John Shelton, *Kicking Back* (Colombia, MO, 1995)

Rozin, E., *Ethnic: Cusine; The Flavor Principle Cookbook* (New York, 1987)

Sterling, Richard, ed., *Food: A Taste of the Road* (San Francisco, CA, 2002)

Saporito, B.,'Sniffing out Barbecue', *Fortune*, CX/4(1984), pp.239-44

Symons, Michael, *A History of Cooks and Cooking* (Champaign, Urbana, IL, 2000)

Vateto, James, and Edward Maclin,eds, *The Slaw and the Slow Cooked: Culture and Barbecue in the Mid South* (Nashville, TN, 2012)

レシピ集

昔のレシピ

バーベキューは基本的に庶民の食生活に属するものなので昔の記録はあまり残っていないのだが、19世紀の本格的な料理書に掲載された記事がいくつかある。中には、炉穴と串と金網でなくオーブンを使うエドウィン・トロクセル・フリードレイのレシピのように、明らかにバーベキューの原則からはずれたものもある。炉穴でじっくり肉を焼くバーベキューの伝統は20世紀にあっても大いに尊重されていたが、植物性油脂を製造するクリスコ社のコマーシャルのように炒めたヌードルに残り物の肉を入れたソースをかけるだけというレシピや、レストラン〈トレーダーヴィックス〉の創業者にならって料理より酒を重視するような記事も散見される。

◉羊のバーベキュー

ミセス・エラ・ターナー『オハイオ州の料理 *Buckeye Cookery*』(エステル・ウッズ・ウィルコックス編集。ミネソタ州ミネアポリス。1877年)より。

1. 地面に穴を掘って中で薪を燃やす。火が燃え移らない程度の距離を離して穴の四隅に杭を打ちこむ。
2. その杭の上に肉に香りがつかない木を組み、肉をのせるラックを作る。
3. 薪が燃え尽きて炭のようになったらラックに羊を置く。U字型にカーブした棒の一方の端にスポンジを結びつけ、もう一方の端をラックの一角にとりつけ、スポンジが羊肉の上に垂れ下がる向きにセットする。粉マスタードを酢で溶いて塩とコショウを加え、これをスポンジにしみこませる。必要に応じてスポンジに水を足し、焼きあがるまでのあいだ肉にこの液が常にしたたるようにする。
4. この穴の近くで別の焚き火をして、必要なら炭を補給できるよう準備しておく。

………………………………………………

◉ウサギまたはマーモットのバーベキュー

エドウィン・トロクセル・フリードレイ『快適な家庭、または知っておくと便利なこと *Home Comforts: or, Things Worth Knowing in Every Household*』(ペンシルベニア州フィラデルフィア。1879年)より。

このバーベキュー、まず香りで食欲がそそられるが、味も決してひけをとらない。マーモットのバーベキューも同じ方法でできる。

1. よく肥えた若いウサギをさばいてきれいにする。塩水を入れた皿を用意し、腹側を開いて下にして30分浸す。
2. 水気をふきとって丸焼きにする(頭は取る)。背骨に直角方向に8～10

か所切れ目を入れておくといちばん厚いところにもよく火が通る。一定の高温を保つよう火を調節し、何度もひっくり返すこと。
3. キツネ色に柔らかく焼きあがったら熱しておいた皿にとり、バターと塩とコショウをたっぷりかける。肉を何度もひっくり返して溶けたバターが全体にまわるようにする。皿にふたをかぶせて5分間オーブンに入れる。
4. 市販のマスタードと大さじ2杯の酢を錫《すず》のカップに入れて熱する。これを熱い肉に塗り、新鮮なパセリで飾って食卓に出す。

◉アメリカン・バーベキュー

ジェサップ・ホワイトヘッド『料理長の手引きとパーティー・ケータリング・ガイド *The Steward's Handbook and Guide to Party Catering*』(イリノイ州シカゴ。1889年)より。

バーベキューとは、牛やその他の動物の丸焼きのこと。「頭からしっぽまで」を意味するフランス語「バルブ・ア・キュ barb-a-que」から来た言葉である。しかし実際に丸焼きをやってみると、焼きあがった肉は外側が焦げて炭になっているのに中は生で食べられたものではない、という残念な結果になることが多い。

そこでこの苦い経験をした人たちは1頭を半分か¼に切って焼く。やり方は焼き蛤パーティーと同じ方法でいい。地面に穴を掘り、中で薪を燃やす。6時間ほどたって穴の底に赤く燃える炭と赤く熱せられた岩がたまったら、焼き蛤パーティーなら海草をかぶせるところだが、そのかわりに鉄の棒を穴に何本かさしわたして大きな格子を作る。鉄の棒は地元の鍛冶屋で調達してもいいし、古くなった鉄道のレールでもいい。レールが2、3本あれば、あとは短い鉄棒でもなんとかなる。

このような炭火の炉穴ならば、丸ごとの羊も子羊もとてもうまく焼ける。小さめの豚や鶏、オポッサム、七面鳥など小型の動物も大丈夫だ。しかし牛は¼に切ったほうがいい。そうすれば1〜2時間で焼きあがるからだ。

選挙その他の資金集め、誕生会やキャンプ、さまざまな祝い事など、バーベキュー・パーティーを開く機会がどんどん増えている。バーベキューなら、人数が増えても炉穴を細長くのばしていけばいくらでも対応できる。パンは別の場所で焼いて会場に運べばいい。

ただし、焼きあがった肉を分配する段階で大きなトラブルになることが多いので注意が必要だ。手際よく分けないと2、3人が¼頭分の肉を火から引きずりだして地面の上にどすんと置き、自分の分だけ何切れか取ってさっさと行ってしまい残りはそのまま、ということになりかねない。

◉誕生日のバーベキュー

ドロシー・ディックス『南部の伝統的料理と飲み物 *Dishes and Beverages of the Old South*』(マーサ・マカロック編集。ニューヨーク。1913年)より。

精製した金が輝くように、ありふれたバー

べキューや庭で作るバーベキューも、ちょっとひと手間かければ本格的にすることができる。やり方は以下の通り。

生後1年ぐらいであまり太り過ぎていない上物の羊を1頭手早くさばき、冷たい流水で洗ったら、柔らかい布巾で水気をふきとる。まだ温かみがあるうちにお腹にミントをいっぱいに詰める。ミントは新鮮で柔らかく青々したものほどいい。お腹を閉じ、冷たい塩水で硬く絞った清潔な布で包む。それをラードの空き缶をきれいにした中に入れてしっかりふたを閉め、冷水の中に全体を沈める。湧き水があればそこがいちばんいい。夕方水に沈め、翌朝早くまでそのままにしておく。

2時前には溝を掘った中で硬い木の薪に火をつけ、炭になるまで燃やしておく。もう1か所別のところで薪を燃やし、追加用の炭の用意をしておく。溝に亜鉛メッキの目の粗い金網をかぶせる。

缶から羊を取りだし、背骨の所でふたつに切る。金網に肉側を下にしてのせ、焦げないよう炭火が均一に当たるようにする。1時間たったらソースを塗りはじめる。

ソースは上等のバターを溶かしたもの450g、挽いた黒コショウ110g、茎からはずした赤トウガラシのさやをペースト状になるまで細かくしたもの200cc、酢少々、ピーチブランデー、なければアップルまたはグレープブランデー200ccを混ぜてとろ火または湯せんで15分間加熱する。焦がさないように気をつけながら、スパイス類に熱を通す。清潔な古いリネン（繊維がほつれるほど古いものは不可）で作った大きく柔らかいモップでこのソースを肉に何度もくりかえし塗る。

朝の4時ぐらいまでこれを続ければバーベキューはほぼ出来上がり、正午少し過ぎにはウェルダンになる。ソースは十分残っているはずなので、みんなに肉を取りわけたあとグレービーとしてかけることができる。途中で1回裏返した肉は表面がパリッとしており、ミントとスパイスの香りが風味を添えている。

バーベキューには薄切りのキュウリの酢漬け、トマトのスライス、塩を入れて発酵させたたくさんのホワイトブレッドがよく合う。デザートにはよく熟したスイカを冷やしておくといい。

………………………………………………

◉オザーク高原のありあわせ料理

チャールズ・モロー・ウィルソン《グルメ》（1942年5月11日号）より。

まずスペアリブについて、それがいかにしてパリっとした絶品料理になるか説明しよう。材料はあまり脂身が多すぎないスペアリブ3kgと数か月前に買ったバーベキューソース1びん。

メイムは屋外の石の炉で、緑のヒッコリーの木を燃やしてリブを焼いた。……柔らかくておいしい肉を指でつまんで食べるのだ……私の人生、北半球のすべてと南半球の一部をめぐった私の旅のすべてをとおして見ても、メイム・クレンショーがヒッコリーの木でスモークしたスペアリブほどおいしいものはなかった。

たしかにこれは貧者の料理だ。でもフォートノックス［連邦金塊貯蔵所がある］の金塊すべてを積んでも、このスペアリブの味を買うことはできないだろう。

◉ヌードル・バーベキュー

クリスコ社のコマーシャル《グッド・ハウスキーピング》（1933年2月号）より。

これだけで1回の食事ができる！

ヌードル用
ヌードル…1パッケージ
パン粉…1カップ
クリスコ油…大さじ6

ミートバーベキュー用
小さめのタマネギ…1個（みじん切り）
ローリエ…½枚
クリスコ油…大さじ4
小麦粉…大さじ4
スープストックまたは水…1½カップ
塩…小さじ½
コショウ…小さじ½
カイエンペッパー…少々
カラント（スグリ）ゼリー…⅛カップ
レモン果汁…大さじ1
赤ピーマンのみじん切り…大さじ1
残り物のロースト肉…数切れ

ヌードル
1. 熱湯に塩を入れ、ヌードルを柔らかくなるまでゆでる。ゆであがったら湯をきり、冷水にさらす。
2. クリスコ油をフライパンに溶かしパン粉を入れてキツネ色になるまで炒めたら、そこへヌードルを入れてよく混ぜ、温める。
3. ミートバーベキューをかけて熱いうちに食卓へ出す。

ミートバーベキュー
1. ヘルシーなクリスコ油を使い、ローリエとともにタマネギを茶色になるまで炒める。
2. そこに小麦粉を入れ、少しずつスープストックまたは水を加えてかき混ぜる。とろみがついたらスパイス類を入れて、全体が混ざったら漉《こ》す。
3. もう一度火にかけ、カラントゼリー、レモン果汁、赤ピーマンを加える。残り物のロースト肉のスライスを加える。

◉自宅の裏庭でするルアウ

トレーダー・ヴィック《グルメ》（1952年9月号）より。

裏庭をできるだけトロピカルな感じに飾りつける――ハワイっぽいものならなんでもOK。ウクレレの生演奏が無理なら、レコードで雰囲気を出そう。ゲストを陽気な気分にすることが大切だ。ここでなによりも大切なのは飲み物、それもトロピカルなものにすること。ハイボールを出すなんてありえない。

現代のレシピ

◉タンドリー・ラムチョップ

アレクサンドラ・ザイツのレシピより。

ラムチョップ…8切れ
ヨーグルト…360ml
レモン果汁…大さじ3
酢…大さじ1
ニンニク…8片（みじん切り）
ショウガ…4cmぐらいをみじん切りにする
コーシャソルト（粗塩）または好みの塩…大さじ1
植物油…大さじ4（大さじ1ずつ分けて使う）
クミンの粉末…大さじ1
ガラムマサラ…大さじ1
コリアンダーの粉末…小さじ1
ターメリックの粉末…小さじ1
チリパウダー…小さじ1
カイエンペッパー…小さじ½
パプリカパウダー…小さじ1

1. マリネ液がしみこみやすいように、よく切れるナイフでラムチョップに5mmほどの切りこみを何本か入れる。
2. 大きめのボウルにヨーグルト、レモン果汁、酢、ニンニク、ショウガ、コーシャソルトを入れて混ぜる。
3. 小さめの鍋に植物油大さじ1を入れてスパイス類を焦がさないよう注意しながら香りがたつまで温める。香りがたったら2のヨーグルトマリネ液に加えてよく混ぜる。
4. ラムチョップをマリネ液に入れ、ラップをかけて一晩冷蔵庫に置く。
5. 焼くための準備が整ったら、ラムチョップをマリネ液から取りだして30分間そのまま置いておく。タンドール釜（なければ、ゆっくりスモークローストできる装置）でミディアムまたは好みの焼き加減まで焼く。焼けたら、ナンとタンドール釜で焼いた野菜を添えて熱いうちに食べる。

………………………………………………

◉ペリペリチキン

アレクサンドラ・ザイツのレシピより。

チキンの材料
ショウガ…約5センチ分の皮をむいてみじん切りにする
エシャロット…大きめのもの1個（皮をむいてみじん切り）
ニンニク…3片（皮をむいてみじん切り）
市販のペリペリソース…480ml
オリーブオイルまたは植物油…120ml
絞りたてのレモン果汁…120ml
コーシャソルト（粗塩）…小さじ1
挽きたての黒コショウ…小さじ1
鶏モモ肉…8枚（または大きめの鶏1羽を4つ切りにしたもの）

ソースの材料
バター…大さじ3
ニンニク…2片をみじん切りにする。
市販のペリペリソース…100ml
絞りたてのレモン果汁…大さじ2

1. 大きめのボウルにショウガ、エシャロット、ニンニク、ペリペリソース、オリーブオイル、レモン果汁、コーシャソルト、コショウを入れて混ぜる。

2. 1の液に鶏肉を浸し、ラップをかけて冷蔵庫で一晩マリネしておく。
3. 鶏肉をマリネ液から取りだし、室温で30分置いておく。
4. ソースを作る。小さめのソース鍋にバターを入れて中火で溶かし、ニンニクを入れて軽く茶色に色づくまで約2分熱する。
5. 4の鍋にペリペリソースとレモン果汁を加え、火を中弱火に落として2分ほど煮る。
6. 皮にきれいな焼き色がつき、内部が75℃に達するまで肉をゆっくりスモークローストする。
7. 焼きあがったら大皿に盛り、温かいソースをかけ、サラダとパプを添える。

……………………………………………

◉クペクペ・サンドイッチ

アレクサンドラ・ザイツのレシピより。

マギーソース…300ml
カイエンペッパー…小さじ2
ガーリックパウダー…小さじ1½
塩、コショウ…適量
牛ばら肉ステーキ用…900g
ポブラノ・ペッパー［シシトウの巨大なもの］…2個
タマネギ…1個
バゲット…1本
オリーブオイル…適量
バター…柔らかくしたもの½カップ

1. 大きめのボウルにマギーソース240ml、カイエンペッパー小さじ1、ガーリックパウダー小さじ1、塩、コショウを入れて混ぜる。
2. 肉をトレイにのせ、1のマリネ液をたっぷり塗る。ラップをかけて冷蔵庫に入れ、最低でも1時間、できれば一晩おく。
3. 好みの焼き加減になるまで（ウェルダンがお勧め）ゆっくりスモークしながらローストする。
4. 肉を焼くあいだにポブラノ・ペッパーを皮が茶色くなってふくらむまで焼き、皮をむいてスライスする。タマネギは皮をむいて縦半分に切り、軽く焼き目がつくまでグリルで焼いてからスライスする。
5. バゲットを横半分に切り、オリーブオイルを塗ってグリルで焼く。バターと残りのマギーソース、カイエンペッパー、ガーリックパウダー、塩、コショウを混ぜておく。
6. 肉が焼けたら5～10分休ませた後、繊維を断ち切るように薄切りにする。バゲットにバターミックスを塗り、肉とポブラノ・ペッパーとタマネギをはさんでサンドイッチにする。

……………………………………………

◉ササーティ

エリアン・ファウラーのレシピより。

豚のカタ肉…450g（2.5cmぐらいの角切り）
ニンニク…4片（みじん切り）

塩、コショウ…適量
タマネギ…中サイズのもの1個（細かいみじん切り）
油…大さじ2
コリアンダーの粉末…小さじ1
クミンの粉末…小さじ1/4
カレー粉…小さじ1
タバスコ…小さじ1
ブラウンシュガー…大さじ1/2
絞りたてのレモン果汁…80ml
アプリコットジャム…大さじ1
水…120ml
小麦粉…小さじ1

1. 豚肉にニンニク、塩、コショウをまぶしてからラップをかけ、最低1時間は冷蔵庫に入れておく。
2. そのあいだにタマネギを油であめ色になるまで炒め、そこへコリアンダー、クミン、カレー粉、タバスコ、ブラウンシュガー、レモン果汁とアプリコットジャムを混ぜ入れる。水を加え、かき混ぜながら煮立たせる。煮立ったら火からおろし、完全に冷ます。
3. ボウルに入れた豚肉に冷めた2をかけ、ラップをしてひと晩あるいは12時間以上冷蔵庫に入れておく。
4. 冷蔵庫から出したら豚肉を金串に刺し、内部が63℃になるまでゆっくりスモークローストする。
5. 肉が焼けるまでのあいだに、肉を漬けてあったマリネ液を厚手の鍋に入れて煮立たせる。鍋から少量のマリネ液をスプーンですくって小麦粉と混ぜ、ペースト状になったら少しずつ鍋に入れていく。肉が焼けたら、このソースをかけるか別の器で添えるかして食卓に出す。

……………………………………………

◉ジャマイカ風ジャークチキン

エリン・マグワイアのレシピより。

オールスパイスの実…大さじ3
粒コショウ…大さじ2
ローリエの葉…1枚
タマネギ…小さめのもの半分（みじん切り）
青ネギ…4本（細かく切る）
ニンニク…5片
ハバネロ…小1個
フレッシュタイム…大さじ3
ショウガのすりおろし…大さじ1
塩…小さじ2
リンゴ酢…大さじ1
ブラウンシュガー…大さじ1
植物油…大さじ2
鶏モモ肉…6本
ライム…1個（くし形に切る）

1. オールスパイスの実と粒コショウをフライパンに入れ、中強火で香りが立つまで約1分間加熱する。
2. 1をローリエの葉とともにフードプロセッサーに入れて細かくくだき、タマネギ、青ネギ、ニンニク、ハバネロ、フレッシュタイム、ショウガ、塩、リンゴ酢、ブラウンシュガー、植物油もすべて一緒にフードプロセッサーにか

けてペースト状にする。
3. 鶏モモ肉の表面と皮の下に2のペーストを塗り、冷蔵庫に入れて12～24時間置く。
4. 内部の温度が75℃になるまでゆっくりスモークローストする。
5. 肉を皿に盛り、ライムを添えて食卓に出す。

……………………………………

◉中国風豚のバーベキュー（チャーシュー）

ノア・ウィリアムズのレシピより。

豚のカタ肉…1.8kg
醤油…120ml
ハチミツ…60ml
オイスターソース…大さじ3
紹興酒…大さじ2
五香粉…大さじ1

1. 豚肉は余分な脂肪を切りとってから、太さ4cm×2.5cmの細長い形に切る。
2. 肉以外のすべての材料をボウルに入れて混ぜ、肉が完全に液におおわれるようにして漬けこむ。そのまま冷蔵庫に入れ、4時間以上もしくは一晩置いておく。
3. 内部の温度が63℃に達するまで、ときどきマリネ液をかけながらゆっくりスモークローストする。

……………………………………

◉中国風ローストダック

ノア・ウィリアムズのレシピより。

アヒル（できれば頭、翼、脚のついたもの）…1羽（3.2kgぐらい）
塩…¼カップ

コーティングの材料
中国黒酢…大さじ3
ハチミツ…大さじ3

ソースの材料
海鮮醤…80ml
ごま油…小さじ1
紹興酒…小さじ1
白ネギ…6本（5cm長さに切り、先端に切りこみを入れて房のようにする）

1. アヒルの下処理をする。余分な脂肪と薄膜と羽根が残っていればそれもすべて取りのぞき、冷水で身の内側も外側もきれいに洗う。洗ったら水気をふきとる。
2. アヒルの外側に塩をふり、よくすりこんでから余分な塩を洗い流す。自然に水を切る。
3. 指を身と皮のあいだに少しずつ入れていき、最終的には両手をつっこんで身と皮をひきはがす。脚の部分も忘れずに。離すことができたら身と皮のあいだの水分をキッチンタオルでふきとる。
4. 包丁で手羽先と脚の第二関節から先を切り落とす。一方の翼の下から背中を通ってもう一方の翼まで箸を1本

通して翼と胴体を離す。

5. 片手でアヒルをしっかり持って560mlの沸騰した湯がはいった鍋の上にぶらさげ、レードルで湯をすくっては何度も丁寧に全体に湯をかける。翼の下や脚のあいだにもしっかりかける。この作業は流し台の上でしたほうがいい。これにより皮は少し色が濃くなり、いくぶん縮んだ感じになる。そのまま30分ほど置いて表面を乾かす。
6. 鍋に675mlの湯とコーティングの材料を入れて沸騰させ、5と同じ要領でコーティング液を何度もかける。吊るした状態で一晩冷まし、表面を乾かす。
7. ソースの材料を混ぜてラップをかけ、冷蔵庫に入れておく。
8. 内部の温度が75℃になるまで肉をゆっくりスモークローストしたら、ソースとともに食卓へ出す。

注

第１章　バーベキューの起源

(1)　C. K. Brain and A. Sillen, 'Evidence from the Swartkrans Cave for the Earliest Use of Fire', *Nature*, CCCXXVI/6195(1 December 1988), pp. 464-6.

(2)　同上

(3)　Bent Sørensen, 'Energy use by Eem Neanderthals', *Journal of Archeological Science*, XXXVI/10 (October 2009), pp. 2201-5; R. E. Green et al., 'A Draft Sequence of the Neandertal Genome', *Science*, CCCXXVIII/59797 (May 2010), pp. 710-22.

(4)　John Gardener Wilkinson, *The Manners and Customs of the Ancient Egyptians* (London, 1841), vol. II, p. 35. Nathan MacDonald, *What Did the Ancient Israelites Eat?* (Grand Rapids, MI, 2008), p. 32.

(5)　Robina Napier, *A Noble Boke off Cookry ffor a Prynce Houssolde or Any Other Estately Houssolde* (England, 1468).

第２章　男らしさと祝祭

(1)　Elizabeth S. D. Engelhardt, 'Cavemen and Firebuilders', in *Republic of Barbecue: Stories Beyond the Brisket* (Austin, TX, 2009), p. 121.

(2)　*Bricriu's Feast*, translated by George Henderson, at www.yorku.ca.

(3)　Eric Kline Silverman, *Masculinity, Motherhood, and Mockery: Psychoanalyzing Culture and the Iatmul* (Ann Arbor, MI, 2001) p. 120; Jan Pouwer, *Gender, Ritual, and Social Formation in West Papua* (Leiden, 2010) p. 30.

(4)　Tony Perrottet, *The Naked Olympics: The True Story of the Ancient Games* (New York, 2004) p. 116［トニー・ペロテット『驚異の古代オリンピック』（矢羽野薫訳，河出書房新社，2004年）］; Thomas Keightley, *The Mythology of Ancient Greece and Italy* (London, 1838).

(5)　Tony Perrottet, The Naked Olympics: The True Story of the Ancient Games (New York, 2004) p. 116［トニー・ペロテット『驚異の古代オリンピック』（矢羽野薫訳，河出書房新社，2004年）］

(6)　Kaori O'Connor, 'The Hawaiian Luau: Food As Tradition, Transgression, Transformation and Travel', *Food, Culture and Society*, XI/2 (June 2008), pp. 149-72.

(7)　Francis Ignacio Rickard, *A Mining Journey Across the Great Andes* (London, 1863), p.

50.
(8) 同上, pp. 50-51.
(9) William Dickson Boyce, *Illustrated South America: A Chicago Publisher's Travels and Investigations* (Chicago, IL, 1912), p. 388.
(10) Nelson Algren, *America Eats* (Iowa City, IA, 1992), pp. 7-8.
(11) George Thornton Emmons, *The Tlingit Indians* (New York, 2001), p. 140; Dan Huntley and Lisa Grace Lednicer, *Extreme Barbecue* (San Francisco, CA, 2007), p. 220.
(12) S. E. Wilmer, *Theatre, Society and the Nation: Staging American Identities* (Cambridge, 2002), p. 28.
(13) Louis Albert Banks, *An Oregon Boyhood* (Boston, MA, 1898), p. 146.
(14) Arthur Firmin Jack, '*Chet': Also Other Writings* (New York, 1899), pp. 59-60; Jason Sheehan, 'There Is No Such Thing as Too Much Barbecue', in *This I Believe* (New York, 2007), p. 218. For a more complex discussion of the role of barbecue restaurants in the Civil Rights movement, see Jason Sokol's *There Goes My Everything* (New York, 2007).
(15) Andrew Warnes, *Savage Barbecue* (Athens, GA, 2008), p. 171.
(16) Richard Reinitz, 'Vernon Lewis Parrington as Historical Ironist', *Pacific Northwest Quarterly*, LXVIII/3 (July 1977), pp. 113-19.
(17) Hal Rothman, *LBJ's Texas White House* (College Station, TX, 2001), p. 178.
(18) 同上, p. 179.
(19) Tom Wolfe, *The Right Stuff* (New York, 1979) p. 286.［トム・ウルフ『ザ・ライト・スタッフ』（中野圭二，加藤弘和訳，中央公論社，1981年）］
(20) Charles Perry, 'The Bull's Head Breakfast in Old Los Angeles', *Cured, Fermented and Smoked Foods: Proceedings of the Oxford Symposium on Food and Cookery 2010*, pp. 242-7.
(21) M.F.K Fisher, *Among Friends* (Berkeley, CA, 1970), p. 156.
(22) John Grisham, *A Time to Kill* (New York, 1989) p. 141［ジョン・グリシャム『評決のとき』（白石朗訳，新潮社，1993年）］; Doug Worgul, *Thin Blue Smoke* (London, 2010), pp. 17-21.
(23) John Steinbeck, *The Pastures of Heaven* (New York, 1995), pp. 137-8［ジョン・スタインベック「天の牧場］（加藤光男，西村千稔，伊藤義生訳，大阪教育図書，2001年）

第３章　バーベキューの技術

(1) Bob Shacochis, 'Burnt Offerings', in *Food: A Taste of the Road,* ed. Richard Sterling (San Francisco, CA, 2002), p. 54.

(2) Fannie Merritt Farmer, *The Boston Cooking-School Cook Book* (Boston, MA, 1896), p. 152.
(3) Edith Thomas *Mary at the Farm* (Norristown, PA, 1915), p.273
(4) Maistre Chiquart, *Du Fait de Cuisine*, 1420 Folio 9 'The Provision of Cauldrons', trans. Terence Scully (Tempe, AZ, 2010).
(5) 同上, Folio 7, 'The Provision of Meat'.
(6) James W. English, 'Hawaiian Beach Camp', *Boy's Life* (July 1949), p. 31.
(7) Blanche Howard Wenner, 'The Luau (from a Tourist's Point of View)', in *Hawaiian Memories: Poems* (New York, 1910).
(8) Fanny Chambers Gooch, *Face to Face with the Mexicans* (New York, 1887), p. 74.
(9) Gerard Fowke, *Archeological Investigations in James and Potomac Valleys* (Washington, DC, 1824), p. 62.
(10) John Morison Duncan, *Travels through Part of the United States and Canada in 1818 and 1819* (Glasgow, 1823), vol. I, pp. 297,
(11) Fatema Hal, *Authentic Recipes from Morocco* (Singapore, 2007), p.86
(12) Felipe Fernández-Armesto, *Near a Thousand Tables* (New York, 2002) p. 15. ［フェリペ・フェルナンデス＝アルメスト『食べる人類誌－火の発見からファーストフードの蔓延まで』（小田切勝子訳，早川書房，2003年）］
(13) Michael Symons, *A History of Cooks and Cooking* (Champaign-Urbana, IL, 2000), p. 74.
(14) 同上
(15) Martha McCulloch Williams, *Dishes and Beverages of the Old South* (New York, 1913), p. 158-9.
(16) Forest and Harold Von Schmidt, 'Come and Get It!', *Gourmet*, I/5 (May 1941), p. 10.
(17) Hi Sibley, 'How to Construct an Outdoor Fireplace', *Popular Science*, CXXVIII/6 (June 1936), p. 105.
(18) Sunset, *Sunset Barbecue Book* (San Francisco, CA, 1945).
(19) Advertisement for Bar-Be-Kettle, *New Yorker* (13 November 1948), p. 92.
(20) Advertisement for Cook 'n' Tools in *Gourmet*, XII/4 (April 1952), p. 30.
(21) Trader Vic, 'Luau in Your Own Backyard', *Gourmet*, XII/9 (September 1952), p. 55.
(22) Ellen Schmidt, 'Mr. and Mrs. Ray Burke "Make Out" on One Salary', *Corpus Christi Times*, 8 June 1951, p. 18.
(23) Charles Mercer, 'What Type of Man is John Steinbeck?' *Cedar Rapids Gazette* (Iowa),

18 October 1953, p. 9.
(24) Sam Sifton, 'Roasting a Pig Inside an Enigma', *New York Times*, 7 January 2004, p. F1.
(25) 同上

第４章　世界のバーベキュー

(1)　Elisabeth Rozin, *Ethnic Cuisine: The Flavor Principle Cookbook* (Lexington, MA, 1983).
(2)　Ed Gibbon, *The Congo Cookbook: African Recipes* (Lulu, 2008).
(3)　Pat Conroy, *The Prince of Tides* (New York, 1987) p. 224.［パット・コンロイ『潮流の王者』（真野明裕訳，早川書房，1988年）］

第５章　バーベキュー競技会

(1)　Lolis Eric Elie, *Smokestack Lightning: Adventures in the Heart of Barbecue Country* (New York, 1996).
(2)　David Dudley, 'Taking the Low Slow Road to Perfect Barbecue', *Baltimore Magazine* (July 2000).
(3)　Lolis Eric Eli, 'The Tao of Barbecue', *Forbes* (Summer 1997), pp. 125-7.
(4)　Dana Bowen and Josh Ozersky, 'The Pay Is Awful but Judging Barbecue Has Its Rewards', *New York Times*, 5 July 2006
(5)　John Shelton Reed, *Kicking Back* (Columbia, MO, 1995), p.153.

第６章　ソースと付けあわせ

(1)　William Lindsay White, 'Kansas Beef Tour', in *The Food of a Younger Land, ed. Mark Kurlansky* (New York, 2009), p. 273.
(2)　Elizabeth S. D. Engelhardt, *Republic of Barbecue: Stories Beyond the Brisket* (Austin, TX, 2009), p. 16.
(3)　White, 'Kansas Beef Tour', p. 274.
(4)　Zora Neal Hurston, *Dust Tracks on a Road* [c.1942] (New York, 1995) p. 232.［ゾラ・ニール・ハーストン『ハーストン自伝：路上の砂塵』（常田景子訳，新宿書房，1996年）］

ジョナサン・ドイッチュ（Jonathan Deutsch）
経験豊富なシェフであり、ペンシルベニア州フィラデルフィアのドレクセル大学教授。ニューヨーク大学で食物学及び食品マネジメントの博士号取得。ニューヨーク市立大学などの大学や専門学校で調理や食物学を教えてきた。『それを食べるの？　*They Eat That?*』など食に関する著書多数。

ミーガン・J・イライアス（Megan J. Elias）
ボストン大学准教授。コーネル大学、サンフランシスコ州立大学で食物学、料理学、家庭経営などを研究し、ニューヨーク市立大学で博士号取得。『アメリカの食べ物 1890-1945 年　*Food in the United States, 1890-1945*』などの著書がある。

伊藤はるみ（いとう・はるみ）
愛知県立大学外国語学部フランス学科卒。訳書に，『「食」の図書館　ソースの歴史』，『図説アーサー王と円卓の騎士』，『世界の茶文化図鑑』（以上，原書房），『身体が「ノー」と言うとき』（日本教文社）などがある。

「食《しょく》」の図書館《としょかん》

バーベキューの歴史《れきし》

●

2018年6月26日　第1刷

著者……………ジョナサン・ドイッチュ
ミーガン・J・イライアス
訳者……………伊藤《いとう》はるみ
装幀……………佐々木正見
発行者……………成瀬雅人
発行所……………株式会社原書房

〒160-0022 東京都新宿区新宿1-25-13
電話・代表 03(3354)0685
振替・00150-6-151594
http://www.harashobo.co.jp

印刷……………シナノ印刷株式会社
製本……………東京美術紙工協業組合

ISBN 978-4-562-05556-2, Printed in Japan

ミルクの歴史 《「食」の図書館》

ハンナ・ヴェルテン／堤理華訳

おいしいミルクには波瀾万丈の歴史があった。古代の搾乳法から美と健康の妙薬と珍重された時代、危険な「毒」と化したミルク産業誕生期の負の歴史、今日の隆盛までの人間とミルクの営みをグローバルに描く。　２０００円

ジャガイモの歴史 《「食」の図書館》

アンドルー・Ｆ・スミス／竹田円訳

南米原産のぶこつな食べものは、ヨーロッパの戦争や飢饉、アメリカ建国にも重要な影響を与えた！　波乱に満ちたジャガイモの歴史を豊富な写真と共に探検。ポテトチップス誕生秘話など楽しい話題も満載。　２０００円

スープの歴史 《「食」の図書館》

ジャネット・クラークソン／富永佐知子訳

石器時代や中世からインスタント製品全盛の現代までの歴史を豊富な写真とともに大研究。西洋と東洋のスープの決定的な違い、戦争との意外な関係ほか、最も基本的な料理「スープ」をおもしろく説き明かす。　２０００円

ビールの歴史 《「食」の図書館》

ギャビン・Ｄ・スミス／大間知知子訳

ビール造りは「女の仕事」だった古代、中世の時代から近代的なラガー・ビール誕生の時代、現代の隆盛までのビールの歩みを豊富な写真と共に描く。地ビールや各国ビール事情にもふれた、ビールの文化史！　２０００円

タマゴの歴史 《「食」の図書館》

ダイアン・トゥープス／村上彩訳

タマゴは単なる食べ物ではなく、完璧な形を持つ生命の根源、生命の象徴である。古代の調理法から最新のレシピまで人間とタマゴの関係を「食」から、芸術や工業デザインほか、文化史の視点までひも解く。　２０００円

（価格は税別）

鮭の歴史 《「食」の図書館》
ニコラース・ミンク／大間知知子訳

人間がいかに鮭を獲り、食べ、保存（塩漬け、燻製、缶詰ほか）してきたかを描く、鮭の食文化史。アイヌを含む日本の事例も詳しく記述。意外に短い生鮭の歴史、遺伝子組み換え鮭など最新の動向もつたえる。2000円

レモンの歴史 《「食」の図書館》
トビー・ゾンネマン／高尾菜つこ訳

しぼって、切って、漬けておいしく、油としても使えるレモンの歴史。信仰や儀式との関係、メディチ家の重要な役割、重病の特効薬など、アラブ人が世界に伝えた果物には驚きのエピソードがいっぱい！　2000円

牛肉の歴史 《「食」の図書館》
ローナ・ピアッティ＝ファーネル／富永佐知子訳

人間が大昔から利用し、食べ、尊敬してきた牛。世界の牛肉利用の歴史、調理法、牛肉と文化の関係等、多角的に描く。成育における問題等にもふれ、「生き物を食べること」の意味を考える。2000円

ハーブの歴史 《「食」の図書館》
ゲイリー・アレン／竹田円訳

ハーブとは一体なんだろう？　スパイスとの関係は？それとも毒？　答えの数だけある人間とハーブの物語の数々を紹介。人間の食と医、民族の移動、戦争…ハーブには驚きのエピソードがいっぱい。2000円

コメの歴史 《「食」の図書館》
レニー・マートン／龍和子訳

アジアと西アフリカで生まれたコメは、いかに世界中へ広がっていったのか。伝播と食べ方の歴史、日本の寿司や酒をはじめとする各地の料理、コメと芸術、コメと祭礼など、コメのすべてをグローバルに描く。2000円

（価格は税別）

ソースの歴史　《「食」の図書館》

メアリアン・テブン著　伊藤はるみ訳

高級フランス料理からエスニック料理、B級ソースまで…世界中のソースを大研究！　実は難しいソースの定義、進化と伝播の歴史、各国ソースのお国柄、「うま味」の秘密など、ソースの歴史を楽しくたどる。　２２００円

水の歴史　《「食」の図書館》

イアン・ミラー著　甲斐理恵子訳

安全な飲み水の歴史は実は短い。いや、飲めない地域は今も多い。不純物を除去、配管・運搬し、酒や炭酸水として飲み、高級商品にもする…古代から最新事情まで、水の驚きの歴史を描く。　２２００円

オレンジの歴史　《「食」の図書館》

クラリッサ・ハイマン著　大間知知子訳

甘くてジューシー、ちょっぴり苦いオレンジは、エキゾチックな富の象徴、芸術家の霊感の源だった。原産地中国から世界中に伝播した歴史と、さまざまな文化や食生活に残した足跡をたどる。　２２００円

ナッツの歴史　《「食」の図書館》

ケン・アルバーラ著　田口未和訳

クルミ、アーモンド、ピスタチオ…独特の存在感を放つナッツは、ヘルシーな自然食品として再び注目を集めている。世界の食文化にナッツはどのように取り入れられていったのか。多彩なレシピも紹介。　２２００円

ソーセージの歴史　《「食」の図書館》

ゲイリー・アレン著　伊藤綺訳

古代エジプト時代からあったソーセージ。原料、つくり方、食べ方…地域によって驚くほど違う世界中のソーセージの歴史。馬肉や血液、腸以外のケーシング（皮）などの珍しいソーセージについてもふれる。　２２００円

（価格は税別）